FLUSSKREUZFAHRT DURCH RUSSLAND

Text: *V. M.*

Gestaltung: *Denis Lazarev*

Übersetzung: *Roman Eiwadis*

Fotos: *Roman Beniaminson, Leonid Bogdanov, Leonard Chejfec, Pavel Demidov, Vladimir Filippov, Vladimir Kornjušin, Vladimir Melnikov, Jurij Molodkovec, Viktor Poljakov, Nikolaj Rachmanov, Viktor Savik, Jevgenij Sinjaver, Vladimir Solomatin, Vladimir Terebenin, Oleg Trubskij* und *Vasilij Voroncov*

© V. M., 2001: Text
© Denis Lazarev, 2001: Gestaltung
© Roman Eiwadis, 2001: Übersetzung
© Roman Beniaminson, Leonid Bogdanov, Leonard Chejfec, Pavel Demidov, Vladimir Filippov, Vladimir Kornjušin, Vladimir Melnikov, Jurij Molodkovec, Viktor Poljakov, Nikolaj Rachmanov, Viktor Savik, Jevgenij Sinjaver, Vladimir Solomatin, Vladimir Terebenin, Oleg Trubskij und Vasilij Voroncov, 2001: Fotos
© Kunstverlag »Iwan Fjodorow«, St. Petersburg, 2004

FLUSSKREUZFAHRT DURCH RUSSLAND

»Reise von Petersburg nach Moskau«, so heißt ein jedem Russen wohlbekanntes Buch von Aleksander Radistschev. Es gibt aber noch ein weiteres literarisches Werk mit dem ähnlichen Titel: »Reise von Moskau nach Petersburg« aus der Feder von Aleksander Puschkin. Dieses Werk enthält Worte, die eine Art Schlüssel zum Rätsel der russischen Seele, deren unermüdlicher Suche nach Wahrheit, zum ewigen Sinn und Wesen Russlands darstellen: »Wo keine Liebe ist, da ist auch keine Wahrheit«. Das Licht der ruhigen Weisheit des russischen Genies beschien den historischen Weg der Heiligen Rus. Und wir laden Sie zu einer Reise in die Geschichte unseres Landes ein. Wir begeben uns von der Newa und dem Wolchow nach Süden und verfolgen die Spuren der uralten Straße, die hier einst, da es weder Petersburg noch Moskau gab, verlief: des berühmten Wegs »von den Warägern zu den Griechen«. Auf den Wellen der Ostsee, den breiten gemächlichen Nordflüssen, aber auch auf dem Schleppweg, die Newa, den Wolchow, die Lowat, die Pripjat und den Dnepr hinunter fuhren mit verschiedenen Waren schwerbeladene Schiffe nach Süden, nach Kiew, dem »Vater der russischen Städte«, und weiter, in das Schwarze Meer, nach Byzanz, nach »Zargrad« (Königsstadt) – so nannten die Russen damals Konstantinopel. Die kühnen warägischen Recken beschützten die Karawanen der Kaufleute. »Siehst du einen Kaufmann, so beschütze ihn, doch lass dich dafür belohnen«, hieß es in einem alten Warägerlied. Ein Bündnis von Schwert und Handel, eine nützliche Kombination aus Kriegertum und Kommerz wurde zur Grundlage eines friedlichen Zusammenlebens, später aber der Verschmelzung verschiedener Stämme. Die Waräger nahmen Sprache und Glauben der Ostslawen an. Im 9. Jahrhundert gründeten Rurik, der nach Ladoga[1] und dann nach Novgorod kam, und sein Nachfolger Oleg, der Kiew eroberte, den altrussischen Feudalstaat, die Kiewer Rus.

Ein Jahrtausend trennt uns von der Zeit, als vor den Festungsmauern Ladogas ein reges Geschäftsleben herrschte und ein vielsprachiges Stimmengewirr erklang. Unter den Slawen und den »Gästen« – Kaufleuten aus fremden Ländern – fanden sich hier auch Waräger, Vertreter verschiedener finnischer Stämme (Vesj, Vodj, Ižora, Merja u.a.) und sogar Griechen, Chasaren, Perser und Araber. Die Vergangenheit ist lebendig, solange sie im Menschengedächtnis in Form von Legenden und Liedern, Dichtungen und Theaterstücken präsent ist. Deswegen werden uns auf dem Weg von Petersburg nach Moskau und von Moskau nach Petersburg russische Bylinen[2], Puschkins Poesie, Rimskij-Korsakovs Musik und viele andere Kleinodien unserer tausendjährigen Kulturschatzkammer begleiten, mal still und unsichtbar, mal spürbar und überwältigend.

Petersburg und Moskau sind eine Feste des russischen Staatslebens, der russischen Kunst und Wissenschaft. Die Rivalität der beiden Städte war genauso fruchtbar, wie unzertrennlich ihre Verbundenheit miteinander, ihre Einheit zum Wohl Russlands, ist.

Petersburg ist ohne seine herrlichen Vororte nicht vorstellbar. Gleich einem kostbaren Geschmeide umgeben die einstigen Zarenresidenzen die nördliche Metropole mit ihren prachtvollen Palästen und Parks: Peterhof (Petrodvorec), Strelna, Carskoj Selo (Puschkin), Pavlovsk und Gatčina, die während des Zweiten Weltkrieges zerstört und dann von den Nachkommen der berühmten Künstler wiederhergestellt wurden.

Am Südufer des Finnischen Meerbusens liegt Oranienbaum (Lomonosov), eine Stadt, die das traurige Los Leningrads teilte und ebenso die Schrecken der 900tägigen Belagerung durch die Hitlertruppen erlitt. In Oranienbaum befindet sich die einzige der ehemaligen Zarenresidenzen in der Umgebung St. Petersburgs, die nicht in der Besatzungszone war und deswegen von Zerstörung oder Ausplünderung verschont blieb. Diesen Boden, wie auch den Boden Petersburgs–Petrograds–Leningrads und dessen Vorpostens Kronstadt, hat nie ein feindlicher Soldat betreten. Der legendäre Kriegsmarinestützpunkt Kronstadt und die alten Wehrtürme Ladogas, Schlüsselburgs (heute Orešek), Ivangorods und Isborsk sind Zeugen der russischen Wehrhaftigkeit. Wie viele »Adelsnester« hat es hier, um Petersburg herum, einst gegeben! Reiche alte Gutshöfe, eingeschlummert im Schatten der herrlichen Parks mit ihren langen jahrhundertealten Alleen, Grotten und kristallklaren Teichen, in denen sich Marmorstatuen, Gartenlauben und Brücken spiegelten... Hier wurde komponiert und gedichtet, hier wurden Bilder gemalt und philosophische Werke geschrieben, hier entstand die große russische Literatur.

←
Eine Schiffsreise beginnt

An Bord herrscht gute Stimmung: Man freut sich auf neue, angenehme Eindrücke. Draußen ist Windstille und ein klarer Himmel

6 AN BORD DES SCHIFFES

8 | AN BORD DES SCHIFFES

AN BORD DES SCHIFFES

Sankt Petersburg

Öde flache Ufer, Mulden, trübselige Sümpfe, Urwald, dunkle Hütten der armen Dörfer und kleine Fischerboote auf den Weiten des wasserreichen Flusses unter dem blassen, mit wenigen Wölkchen bedeckten nördlichen Himmel... So ein Bild bot sich Peter dem Großen, der diese Gegend den Schweden abgekämpft hatte. Hier, in diesem alten russischen Land, zum Trotz den Feinden und als eine Herausforderung an die Natur, wurde eine märchenhafte Stadt aus dem Boden gestampft, die der Zar von den besten Architekten Europas nach einem vorher aufgestellten, einheitlichen Plan bauen ließ und nach dem Apostel Petrus benannte.

Am 16. Mai (27. Mai nach dem neuen Kalender) 1703, dem Tag der Dreifaltigkeit, fand auf der kleinen Zajačij-Insel in der Newa die Grundsteinlegung der Peter-Pauls-Kathedrale statt. Dieses Datum gilt als das Geburtsdatum der Stadt. Dann besichtigte der Zar die Insel Kotlin im Finnischen Meerbusen und, nachdem er sich von deren wichtiger strategischer Bedeutung überzeugt hatte, befahl er bereits Ende des Winters, dort eine Festung zu errichten. Im Mai 1704 war die Festung Kronstadt fertiggestellt. 1712 ließ Peter der Große die Hauptstadt von Moskau nach Petersburg verlegen. Eine Reihe von wichtigen Ukassen wurden erlassen, darunter über die Bauarbeiten in der neuen Metropole und über die Übersiedlung der höchsten Staatsbeamten, Höflinge, des Adels, der Handwerker und Kaufleute nach Petersburg. Unter Peter II. (1727) kehrte der Zarenhof nach Moskau zurück, die Bauarbeiten in Petersburg wurden eingestellt, die Bevölkerungszahl nahm ab, die von Peter dem Großen oft unter Zwang an die Newaufer übersiedelten Würdenträger und Gutsbesitzer liefen auseinander. Unter Anna Ioannovna (1730) wurde Petersburg wieder zur Hauptstadt des Russischen Reiches.

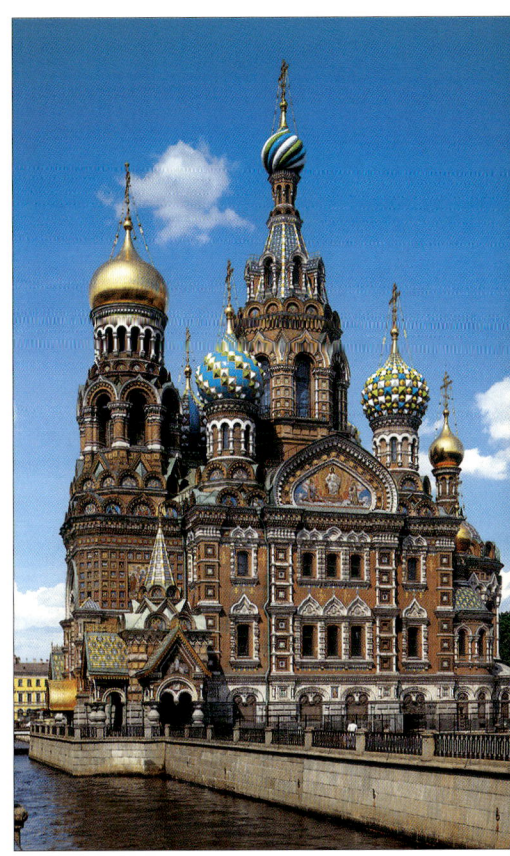

Denkmal für Peter den Großen («Eherner Reiter»)

Admiralität

Christi-Auferstehungs-Kirche («Erlöser-Kirche auf dem Blut»)

Isaaks-Kathedrale

→

Weiße Nacht. Dreifaltigkeits-Brücke

SANKT PETERSBURG

Kaiserin Elisabeth ließ Bartolomeo Carlo Rastrelli hier zahlreiche prachtvolle Bauwerke errichten: den Winterpalast, das Smolny-Kloster, das Stroganov-Palais, den Gostinyj Dvor u.a. Während der Regierungszeit Elisabeths verdoppelte sich die Bevölkerungszahl und betrug bereits 150.000 Einwohner. Katharina II. ersetzte die Zwangsübersiedlungsmaßnahmen durch Belohnungspolitik: Sie räumte den Übersiedlern verschiedene Vergünstigungen ein. Die Zarin geizte nicht mit Geldmitteln für die Bauarbeiten in Petersburg. In den mehr als dreißig Jahren ihrer Regierung (1762–1796) wurden das Aleksander-Newskij-Kloster, die Kirche der Gottesmutter von Vladimir, das Marmorpalais, das Taurische Palais, die Gebäude der Öffentlichen Bibliothek und der Akademie der Künste gebaut und die Ermitage gegründet. Die Ufer der Newa, des Fontanka-Flusses und des Jekaterininskij-Kanals wurden mit Granit verkleidet. Die Einwohnerzahl stieg weiterhin und erreichte 220.000. In die Regierungszeit Alexanders I., in das beginnende 19. Jahrhundert, fällt die Entstehung der Kazanskij-Kathedrale und der Christi-Verklärungs-Kathedrale, des Generalstabs, des Michajlovskij-Palais (heute das Russische Museum), der Börse u.a.

Unter Alexander II., nach der Aufhebung der Leibeigenschaft (1861), erfuhr die Stadtwirtschaft eine stürmische Entwicklung. Seit 1890 war ein erstaunlicher Zuwachs der Bevölkerung und der intensive Bau der Industriebetriebe zu verzeichnen. Vor dem Beginn des Ersten Weltkrieges wohnten in Petersburg bereits über 1,5 Millionen Menschen.

Seit den ersten Jahren seines Bestehens entwickelte sich Petersburg zum wichtigsten Industrie- und Kulturzentrum des Landes. Hier wurde die russische Wissenschaft, aber auch die russische Kriegs- und Handelsflotte geboren, hier wurden die »Kunstkammer«, das erste öffentliche Museum Russlands, die Akademie der Wissenschaften, die Petersburger Universität, die Öffentliche (heute Nationale Russische) Bibliothek und das erste russische

Weiße Nacht. Petersburg

Allegorische Statue »Die Newa« am Fuß der Rostrasäule

Peter-Paul-Kathedrale

Peter-Paul-Kathedrale. Innenansicht

Grabstätte Peters des Großen

SANKT PETERSBURG

Observatorium gegründet. »...Die Newa hüllte sich in Stein, / Die Wasser überspannen Brücken, / Und dunkelgrüne Gärten schmücken / Der Inseln malerische Reihen...«

In Petersburg wurden die ersten grundlegenden Gesetze der Physik und Chemie entdeckt, das erste Flugzeug der Welt hergestellt und die ersten praktischen Schritte zur Erschließung des Kosmos getan. In Petersburg begann das Goldene Zeitalter der russischen Literatur: Es gibt keinen einzigen weltberühmten Namen der russischen vorrevolutionären Literatur, der nicht mit dieser Stadt verbunden wäre, die seit 1914 Petrograd, seit 1924 Leningrad und seit 1991 wieder Petersburg hieß. In dieser Stadt gibt es 50 Inseln, 6.000 Brükken, 65 Flüsse und Kanäle. Im Westen umspült ihre Ufer der Finnische Meerbusen. Die Stadtfläche beträgt 600 Quadratkilometer, die Bevölkerungszahl fast 5 Millionen. Hier sind 5% des gesamten Industriepotentials des Landes konzentriert.

Petersburg hat ein schönes, wenn auch tragisches Schicksal. Die Stadt, in der während der 900tägigen Belagerung eine Million Menschen verhungerten oder getötet wurden, bestand alle Lebensprüfungen und schaut zuversichtlich in die Zukunft. Die Hauptwassermagistrale, aber auch der Hauptschmuck der Stadt ist die Newa.

Schlossplatz. Winterpalast und Alexander-Säule

Winterpalast. Jordanstreppe

Atlanten-Portikus vor dem Eingang in die Neue Ermitage

»Pfauenuhr«

Hirsch aus dem Skythen-Goldschatz

Taurische Venus

Leonardo da Vinci. Madonna Litta

Raffael-Loggien

Ritter-Saal

Peter-Saal (Kleiner Thronsaal)

Auguste Renoir. Kind mit der Peitsche

Pablo Picasso. Junge mit dem Hund

Boudoir

SANKT PETERSBURG

Angesichts »der Newa königlichen Macht« wird einem klar, warum dieser kurze (74 km) Fluss so viele Künstler, Musiker und Dichter inspirierte. Sie entspringt in der Nähe von Petrokrepost' (Schlüsselburg), macht einen großen Bogen und mündet in den Finnischen Meerbusen, wobei sie mit ihren vielen Armen ein breites Delta bildet, auf dem Petersburg gelegen ist.

Acht Brücken verbinden die beiden Newa-Ufer innerhalb der Stadt. Eine der schönsten ist die 580 m lange und 24 m breite Troickij-(Dreifaltigkeits-)-Brücke. Sie wurde 1896 von der französischen Firma Batignolles errichtet, die den internationalen Wettbewerb für den besten Entwurf dieser Brücke gewonnen hatte. Die längste Brücke (629 m) ist die 1960–1965 von Leningrader Ingenieuren gebaute, mit Granit verkleidete Aleksander-Nevskij-Brücke. Die neunte Newa-Brücke befindet sich unweit der Stelle, wo während des Zweiten Weltkrieges die blutigsten Kämpfe um Leningrad tobten. Diesen Aufmarschraum am linken Newa-

Ufer, der als der »Nevskij Pjatatschok« (Landfleck) in die Geschichte einging, verteidigten unsere Truppen fast während der ganzen Blockade Leningrads. Auf dem blutgetränkten und mit Bomben- und Granatsplittern gespickten Boden soll immer noch kein Gras wachsen...

Die Newa ist recht tief: Während des Zweiten Weltkrieges liefen viele Überseedampfer und U-Boote in den Fluss ein, die oft dicht am Kai lagen. Sie ist meistens ruhig und majestätisch, kann jedoch sehr gefährlich werden. Seit der Gründung der Stadt wurden bereits über zweihundert Überschwemmungen registriert. Die schrecklichsten ereigneten sich am 23. November 1723, am 7. November 1824 und am 24. September 1924. »...Die Newa, einem Kranken gleich, / Warf ruhlos sich in ihrem Bette; / Es war schon Nacht; an Wand und Glas / Schlug bös der Regen, schneeig-naß, / Laut klang des Windes trübes Klagen, / Und kochend wie in Kesselglut / Warf einem Tiere gleich, in Wut, / Sich auf die Stadt der Strom...«

Zur Verhinderung der Überschwemmungen wurde 1979 mit dem Bau der Schutzvorrichtungen begonnen. Der Norddamm verband inzwischen das Westufer des Finnischen Meerbusens mit der Insel Kotlin, auf der Kronstadt gelegen ist.

Aus der Newa, die den Finnischen Meerbusen mit dem Ladogasee, dem Onegasee, dem Weßen See und dem Ilmensee verbindet, gelangt man über ein System von Kanälen in das breite Wolga-Bassin, was sie zu einer der wichtigsten Wasserstraßen Russlands macht.

Passagierhafen

Kirche auf dem ehemaligen Schlachtfeld an der Newa, bei der Ižora-Mündung, wo Aleksander Newskij 1240 die Schweden schlug

Die Newa außerhalb der Stadt. Stille grüne Ufer

Finnländische Eisenbahnbrücke über die Newa

→

Orešek, eine Festung am Ausfluss der Newa aus dem Ladogasee, mit der die Geschichte von Schlüsselburg (seit 1917 Petrokrepost') begann

Der Ladogasee ist der größte See Europas. Er ist zweimal so groß wie der Onegasee, fünfmal so groß wie der Peipussee, und zehnmal so groß wie der Saimasee, von den westeuropäischen Seen ganz zu schweigen. Seine Fläche berträgt zusammen mit den Inseln 18.000 Quadratkilometer, die Länge 219 Kilometer, die Breite 83 Kilometer und die Durchschnittstiefe 50 m. Sein Talkessel wurde von Gletschern ausgeschürft, deswegen leben darin immer noch Robben.

Der Ladogasee nimmt immense Wassermengen auf, dabei gibt es nur einen einzigen Abfluss: die Newa. Das Südostufer zeichnet sich durch eine relativ gerade Uferlinie aus, außerdem gibt es hier so gut wie keine Inseln. Im Nordwestteil dagegen, wohin wir uns begeben, wimmelt es regelrecht von Inseln, die meistens nahe dem Ufer liegen und zahlreiche Schären bilden. Ihre bizarren Umrisse wiederholen gleichsam die außerordentlich zerschnittenen Ufer. Im Norden sind die Inseln mit ihren hohen steilen Granitufern besonders schön. Hier und da strecken einsame Kiefern auf hohen Felsen ihre Zweige der kargen nördlichen Sonne entgegen.

An den Nordufern und auf den Inseln des Ladogasees wurden seit alters her Bausteine gewonnen. 150 Jahre lang war der Ladogagranit das Hauptbaumaterial für den Bau der neuen Metropole.

Im Norden des Ladogasees erhebt sich der Walaam, die Hauptinsel des aus 50 kleinen Inseln bestehenden gleichnamigen Archipels. Hier, auf einem hohen Felsen, in einer tiefen Bucht mit einer bequemen Anlegestelle, befindet sich das Walaamskij Christi-Verklärungs-Kloster, eines der weichitgsten Heiligtümer des orthodoxen Christentums, das dem Patriarchen von ganz Russland unmittelbar untersteht und dessen Geschichte in das 10. Jahrhundert zurückreicht. Der Name der Insel könnte vielleicht in Zusammenhang mit einem finnischen Wort gebracht werden, das soviel wie »hoch; steil« bedeutet, möglicherweise aber verdankt die Insel ihren Namen dem biblischen Propheten Balaam. Es gibt allerdings noch eine Version, der zufolge der Name auf den altslawischen Gott Wolos oder Waal zurückgehen soll. In dieser Version steht nur eins fest: dass das uralte russischorthodoxe Kloster einen heidnischen Götzentempel abgelöst hat.

Während des Zweiten Weltkrieges wurde der Archipel von den Finnen besetzt, und die Verbindung des belagerten Leningrads zum Hinterland brach ab. Vom September 1941 konnte die Stadt und die Leningrader Front nur über den zugefrorenen Ladogasee mit Lebensmitteln und Munition beliefert werden. Diese Eisstraße erhielt den Namen »Straße des Lebens«. Heute fahren auf dem See Passagierschiffe aus Petersburg nach Nižnij Novgorod und Astrachan mit Zwischenhalt in Orešek (Schlüsselburg) und am Walaam. Wir wollen ebenfalls einen Abstecher zum Walaam machen. Die Gesamtfläche des 13 Kilometer langen und 8 Kilometer breiten Archipels beträgt ca. 36 Quadratkilometer. Die hügeligen mit Nadelwäldern bedeckten Inseln sind reich an malerischen Tälern und blühenden Wiesen. Von überall sieht man die majestätischen Kuppeln der Kathedrale des am

Heilige Pforte

Christi-Verklärungs-Kloster

Vor der Klostermauer

→
Nikolskij-Einsiedelei

Südufer der Monastyrskaja-Bucht gelegenen Walaam-Klosters. Auf dem Walaam, wie auch auf anderen Inseln des Archipels gab es schon immer so gut wie keine »profanen« Siedlungen. Der fern vom Festland liegende, abgeschiedene Walaam ist der geeignetste Ort für das Mönchsleben und geistige Konzentration. Die steilen, an manchen Stellen bis zu 50 m hohen Grantufer muten wie eine uneinnehmbare düstere Festung an.

Der Legende nach soll das Kloster im Jahre 992 von den später heilig gesprochenen Mönchen German und Sergij gegründet worden sein. Da es an der Grenze der Novgoroder und schwedischen Lande lag, wurde es mehrmals von den Schweden erobert und ausgeplündert. Nach dem letzten Überfall im Jahr 1611 hörte das Kloster auf, zu existieren und erst 1715 befahl Peter der Große, es neu zu gründen. Das Walaam-Kloster wurde von den Zaren Alexander I., Alexander II, und Nikolaus II. besucht, die kamen, um die zahlreichen Walaamer Heiligtümer anzubeten. Die schönsten Bauwerke, wie zum Beispiel das Herz des Klosters, die Christi-Verklärungs-Kathedrale (1887–1896, Architekt Karpov) stammen aus dem 19. Jahrhundert. Besonders bemerkenswert ist die St.-Nikolaus-Kirche, eines der besten Werke Fedor Gornostajevs. Der alte Walaam inspirierte den großen russischen Dichter Fedor Tjutschev, Pjotr Tschaikovskij, den berühmten Landschaftsmaler Ivan Schischkin und viele andere herausragende Kunst- und Kulturschaffende. Der Gottesdienst wurde hier auf eine besondere Weise, nach strengen Klosterkanons, mit altrussischen Gesängen abgehalten. Das Walaam-Männerkloster war ein außerordentlich wichtiges geistiges Zentrum, ein Hort des russisch-orthodoxen Glaubens.

Kiefern auf Granitfelsen

Straße zwischen den Felsen

Schiffe brauchen auch Erholung

Aller-Heiligen-Einsiedelei

Kiefern auf den Felsen

Nach der Oktoberrevolution von 1917 fiel der Walaam-Archipel Finnland zu. Die ca. 200 Mitglieder der Klostergemeinde gingen weiterhin ihren Geschäften nach und arbeiteten friedlich in ihrer Klosterwirtschaft. Es gab hier eine Kerzenfabrik, eine Schmiede, eine Herberge, eine Apotheke, eine Ikonenwerkstatt, einen Verlag und sogar eine kleine Werft. Die Mönche beschäftigten sich auch mit Holzschnitzerei, Tischlerhandwerk, Fischfang, Acker- und Gartenbau. Trotz des rauhen Klimas gediehen in den Walaamer Gärten sogar Wassermelonen. Das Kloster besaß überdies eine blühende Milchproduktion, die die Mönche und die zahlreichen Pilger mit Milchprodukten versorgte.

1940 wurde der Walaam der Sowjetunion angegliedert. Die Mönche aber wanderten rechtzeitig nach Finnalnd aus und nahmen das ganze Klostergut, einschließlich der wertvollen Bibliothek (etwa 30.000 Bände), mit. In Finnland gründeten sie das Novowalaamskij-(Neuwalaam-)-Kloster. Nach dem Krieg wurde auf der Insel ein Invalidenheim für Invaliden des Großen Vaterländischen Kriegs untergebracht. An den Krieg erinnern hier die finsteren Überreste der finnischen Befestigungsanlagen, des Offiziersklubs und der Offizierskantine. Die schwere Wiedergeburt des Klosters begann erst 1989, nachdem der Metropolit von Leningrad und Novgorod 1986 die vom Staat der Kirche zurückgegebene Christi-Verklärungs-Kathedrale neu geweiht hatte. Seit 1992 gehört das Kloster wieder ganz der russisch-orthodoxen Kirche.

Nikolskij-Einsiedelei

Christi-Auferstehungs-Einsiedelei

Granitenes Kreuz (1861) mit Symbolen des orthodoxen Glaubens und der Leiden Christi

Der 224 Kilometer lange Fluss Swir verbindet die beiden größten Seen Europas (er entspringt dem Onegasee und mündet in den Ladogasee) und ist ein Teil des Weißmeer-Ostsee- und des Wolga-Ostseekanals. Am Swir liegen zwei Wasserkraftwerke, das eine im Oberlauf, das andere im Unterlauf. Die Swir-Ufer sind majestätisch und abwechslungsreich: Man kann dort hohe, steile Waldufer, Klüfte und Schluchten, ragende rote Felsen und smaragdgrüne Sümpfe sehen. Lange Zeit blieb diese Gegend einsam und unbewohnt: Während der mongolisch-tatarischen Invasion flohen die Menschen vor den Mongolen meistens in die Städte und nicht in die Wälder. 1487 gründete hier ein Mönch des Walaam-Klosters namens Aleksander (später kanonisiert und als Aleksander Swirskij bekannt) ein Kloster, das den Namen die »Aleksandrovskaja Pustyn« (Aleksander-

Einsiedelei) erhielt. 1581 wurde es von den Schweden, 1613 von den Polen und Litauern ausgeplündert. Nach der Revolution geschlossen, erlebt es jetzt seine Wiedergeburt. Diese Gegend belieferte das Land seit alters her mit gutem Bauholz, das in Form von riesigen Flößen aus gewaltigen Baumstämmen zur Flussmündung getriftet wird. An den Ufern kann man oft Bauholzvorräte sehen. Der Swir war schon immer reich an Fischen, insbesondere an Lachsen und Forellen.

Leider bietet der Fluss mit seinen relativ geringen Tiefen (im Herbst bis 5 m), gefährlichen Stromschnellen, dem kurvenreichen Flussbett und den dichten Nebeln große Schwierigkeiten für die Schiffahrt. Jedoch lassen sich die erfahrenen und mutigen Kapitäne nicht beirren und lotsen ihre Schiffe geschickt durch alle Hindernisse des launischen Flusses.

Am linken Ufer liegt die kleine Arbeitersiedlung Swir-Stroj (1.500 Einwohner). Sie entstand bei der Errichtung des Nižneswirskaja-Wasserkraftwerks. Der Stausee überflutete die Schnellen, die die Schiffahrt gefährdet hatten. Das Gebäude der Hydrostation befindet sich auf einer kleinen Insel in der Mitte des Dammes. Der 30 Meter hohe Damm erstreckt sich über 1,5 Kilometer.

Swir

Dorfkirche

Nižneswirskaja-Wasserkraftwerks

Diese Tannenbäumchen werden einmal groß

Während man sich noch der Anlegestelle nähert, ist man bereits von »Podvorje³«, diesem gleichsam aus einem alten russischen Märchen erstandenen Holzwunder, fasziniert. Diejenigen, die einmal das kleine Städtchen Pavlovsk in der Umgebung von Petersburg besuchten, werden hier viel Gemeinsames mit dem Pavlovsker »Podvorje« finden. Denn die beiden Baukomplexe wurden erst vor kurzem von energischen, unternehmungslustigen Leuten mit Sinn für das Geschäftliche und einem guten künstlerischen Geschmack errichtet. Dieses Holzschlösschen im altrussischen Stil, einige kleine Häuschen am Ufer, wo sich früher ein Dorf befand, und die Anlegestelle drängten das einst berühmte Sjas-Stroj in den Hintergrund. Das heutige Mandroga, ein gastfreundliches, gepflegtes, mit Holzschnitzerei verziertes, malerisches Dörflein, ist einen Besuch wert. Hier kann man die alte Holzbaukunst bewundern, eine Ausstellung von Samowaren besuchen, Werke der einheimischen Handwerker und Künstler kaufen oder sich in der märchenhaft schönen Gaststätte bewirten lassen und die russische Küche kennenlernen.

Gewiss, dieser Ort hat seine eigene Geschichte, die leider alles andere als märchenhaft ist. Das alte wepsische⁴ Dorf hörte während des Zweiten Weltkrieges auf zu existieren. Die Gegend wurde durch finnische Truppen besetzt, die Bewohner, die zwangsweise evakuiert wurden, kehrten dann nicht mehr zurück. In den 60er Jahren entstand hier eine Arbeitersiedlung, deren Einwohner in einer Sandgrube arbeiteten. Nachdem diese stillgelegt worden war, verließen die Menschen nach und nach die Siedlung. Die Nachkommen der Urbevölkerung verstreute das Schicksal über verschiedene Städte. Doch die jungen Unternehmer von Mandroga schauen optimistisch in die Zukunft, sie sind der Meinung, das Leben kehre an diese Ufer zurück. Heute finden sich unter den wenigen Einwohnern auch Wepsen, deren Vorfahren das Dorf seinen klangvollen Namen verdankt: Mandragora heißt auf Wepsisch etwa »Kiefern auf dem Sumpf«.

Samoware-Ausstellung

»Podvorje«. Holzschnitzereien

»Podvorje«. Mittagessen

Unser Schiff läuft in den Onegasee, den zweitgrößten Süßwassersee Europas (9.700 Quadratkilometer), ein. Die Ufer des tektonisch entstandenen, eiszeitlich überformten Sees sind im Norden und Westen meist felsig, im Süden und Südosten flach und häufig vermoort. Die zahlreichen schmalen und tiefen Einbuchtungen im Norden sind den Schären ähnlich. Den Umrissen nach erinnert der See an einen großen Krebs. In den 30-120 Meter tiefen Onegasee münden 50 Flüsse und Tausende von Bächen, der Abfluss ist der Swir, der den Onegasee mit dem Ladogasee verbindet. Die meisten seiner 1.300 Inseln sind im Norden gelegen. Reich und vielfältig ist die Fauna des Onegasees: 40 Fischarten, darunter Lachse und Forellen, die man extra aus dem fernen Armenien, aus dem Sewansee, gebracht hat; 200 Vogelarten, darunter Enten, Gänse, Schwäne, Kraniche u.a.; in den Wäldern gibt es Bären, Hirsche, Füchse, Wölfe, Eichhörnchen und sogar Bisamratten, die auf eine unerklärliche Weise aus Nordamerika hierher gelangten. Das Seewasser ist nicht verschmutzt durch Industrieabfälle.

Das Klima ist hier rauh. Die Natur gönnte den Einheimischen nicht einmal die wichtigsten Lebensmittel, ohne die man sich das Leben der Russen in den alten Zeiten kaum vorstellen kann: Hier gediehen weder Kohl, noch Buchweizen, weder Zwiebeln, noch Hafer. Das schwere Leben der Nordbauern wurde durch die Nähe des Onegasees erleichtert, denn sie konnten sich auch durch Fischfang und Jagd ernähren. Nach Norden und Westen erstreckten sich unendliche Wälder und Sümpfe. Der Pferdewagen, ein unentbehrliches Attribut des russischen Bauernlebens, konnte auf den Sumpfstraßen nicht weiterhelfen, daher wurden selbst

Vor der Gaststätte

Ein Schnäpschen in einem gastfreundlichen Haus. Zum Wodka gehören Salzgurken, Zwiebeln, Knoblauch und Speck. Es fehlt nur noch frisches Schwarzbrot

Man kann nicht nur gucken, sondern auch eine Tasse Tee trinken. Dieser Tee schmeckt besonders gut

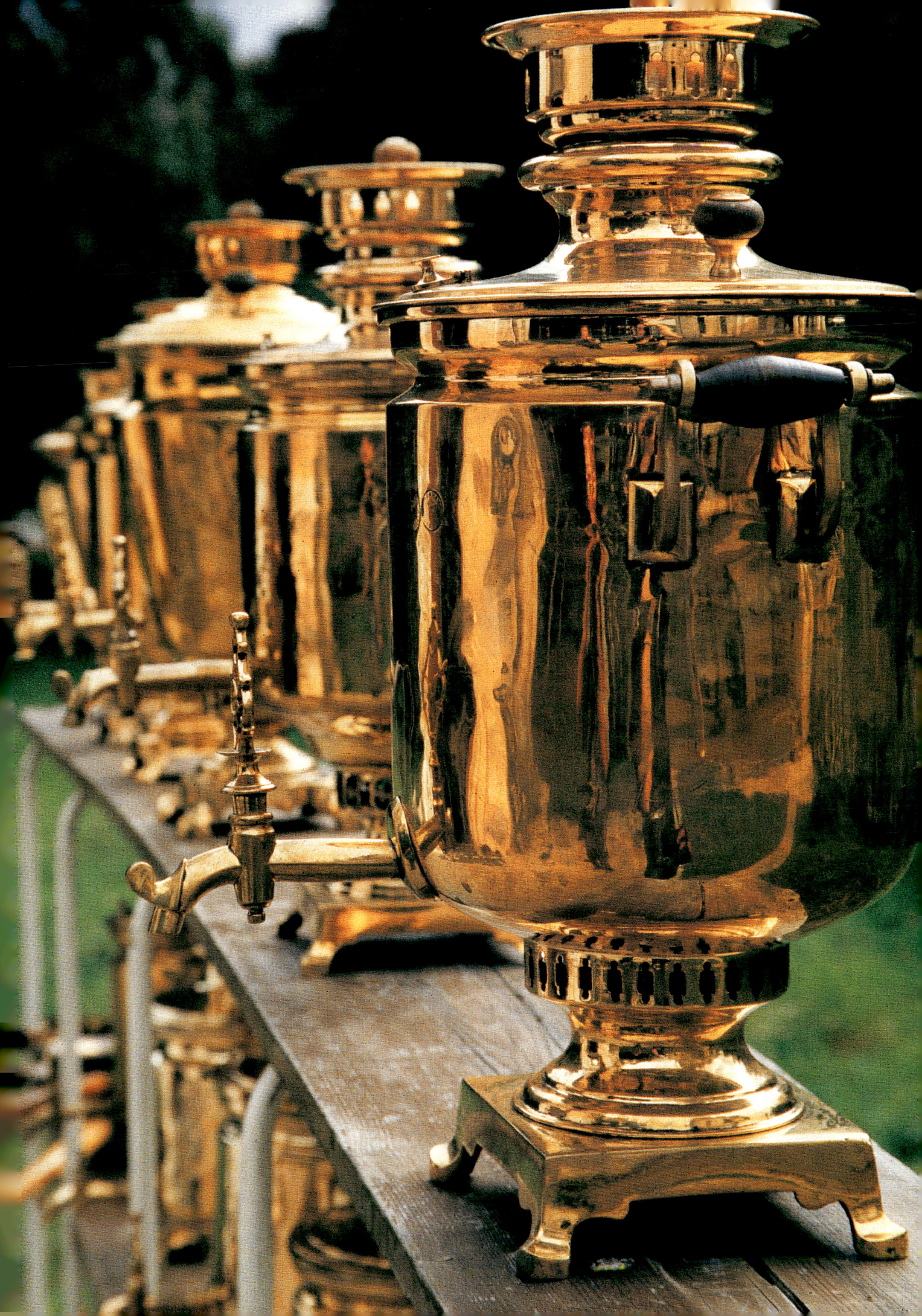

im Sommer, geschweige denn im langen Nordwinter, oft Schlitten benutzt. Hier, um den Onegasee herum, blühte die Volkspoesie auf. An den langen Winterabenden waren die altrussischen Sagen, Lieder und Bylinen einst die einzige Unterhaltung. Die Bylinen gestalten legendäre und historische Stoffe in Einzelliedern und Zyklen, in denen die sehr beliebten Recken, wie Ilja Muromec und Dobrynja Nikitič, die bekanntesten Fürsten wie Vladimir der Heilige besungen oder besonders dramatische Ereignisse der Kiewer Rus lebendig werden.

Schön ist hier der Herbst mit seiner unglaublichen Farbenpracht, aber auch der Winter mit viel Schnee, mit seinen klirrenden Frösten und eisigen Winden. Im Sommer leuchten über dem wogenden smaragdgrünen Meer der dichten Wälder die märchenhaft anmutenden Zwiebeltürmchen der alten Holzkirchen und locken Tausende von Touristen herbei.

Kiži

Die 8 Kilometer lange und etwa 1,5 Kilometer breite Insel Kiži wird von den Wellen des Onegasees umspült. In der Inselmitte erscheint eine Art Gebirgskamm, der sich von einem Ende der Insel zum anderen hinzieht und diese in zwei Teile teilt: den breiteren und niedrigeren westlichen und den schmalen östlichen. Hier sind Wiesen vorherrschend, einen schmalen Waldstreifen gibt es nur direkt am Ufer. Ein Schmuck der Insel sind große schattige Ulmen.

Der Name der Insel hat eine gemeinsame Wurzel mit einem karelischen Wort, das «Spiele» bedeutet. In den uralten Zeiten sollen sich die Einheimischen hier zu Kulthandlungen versammelt haben. Eine der ersten Siedlungen des Archipels entstand gerade auf der Kiži-Insel.

Seit dem 16. Jahrhundert war die Insel das Zentrum des Spaskij Pogost[5], der 120 Dörfer umfasste. Nach alten Holzstichen zu urteilen war der Pogost einst von steinernen Festungsmauern umgeben, deren Reste bei archäologischen Grabungen 1959 freigelegt wurden.

Im 14. Jahrhundert diente die Insel als Raststätte den Novgoroder Kaufleuten, die sich zu den Ufern des Weißmeeres begaben, um Pelze und Robbenstoßzähne zu holen. Während des Livländischen Krieges – des Kampfes Iwans IV. um den Zugang zur Ostsee – blieb auch die Kiži-Insel von den Zerstörungen nicht verschont. Auch der Nordische Krieg unter Peter dem Großen hinterließ tiefe Spuren: Die Insel wurde mehrmals von den Schweden überfallen. Eine Art Denkmal für den Sieg Russlands in diesem Krieg stellt die 1714 ohne einen einzigen Nagel errichtete hölzerne Christi-Verklärungs-Kirche dar. Fünfzig Jahre später (1764) wurde die neunkuppelige

*Zweiundzwanzig Kuppeln
der Christi-Verklärungs-Kathedrale*

Ein Dorfhaus

Auffädeln von Glasperlen

Fischerboote

→
*Kižskij-Pogost. Links Sommerkirche
und Christi-Verklärungs-Kathedrale,
rechts Winterkirche und
Mariä-Schutzmantel-Kirche*

KIŽI | 41

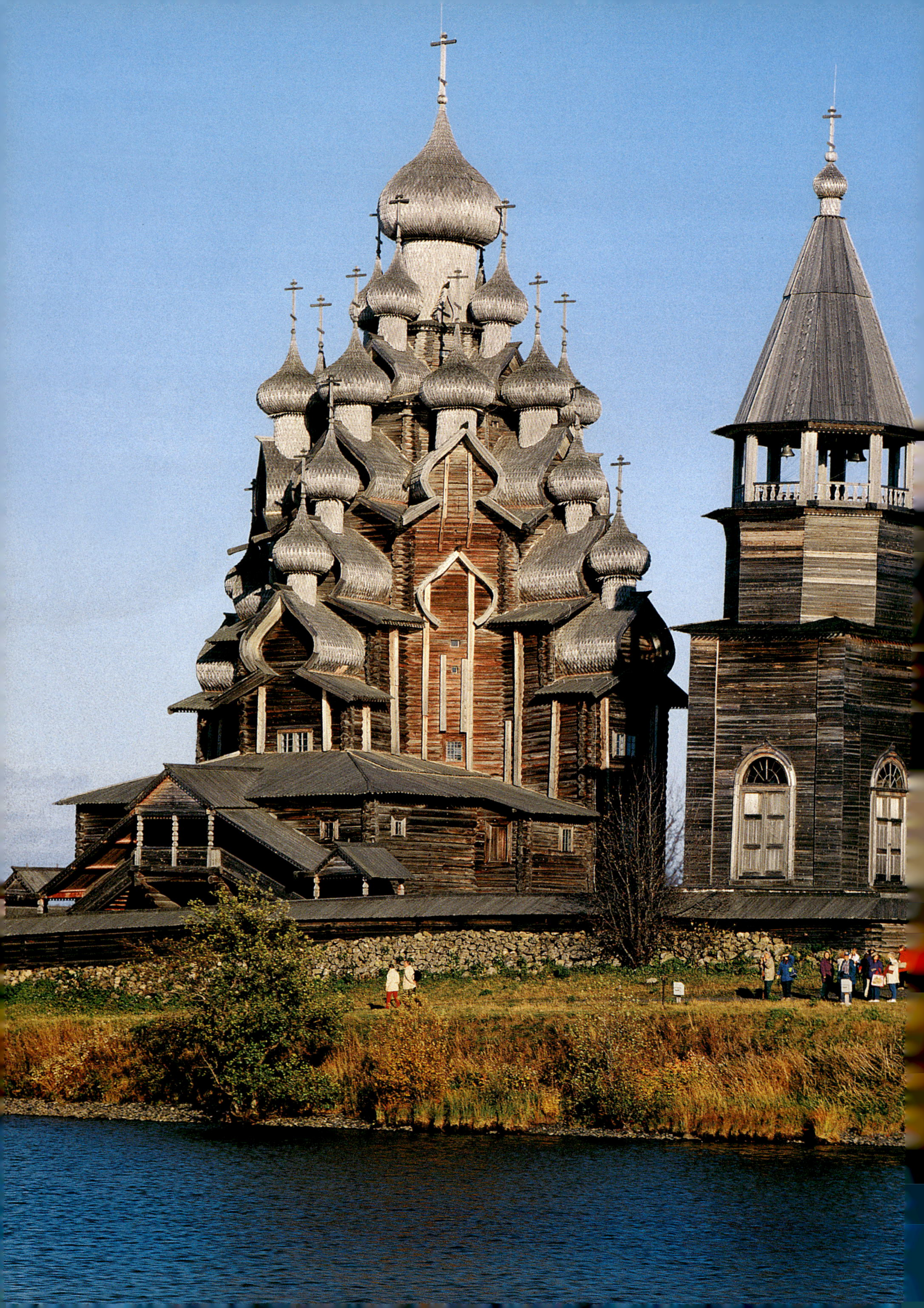

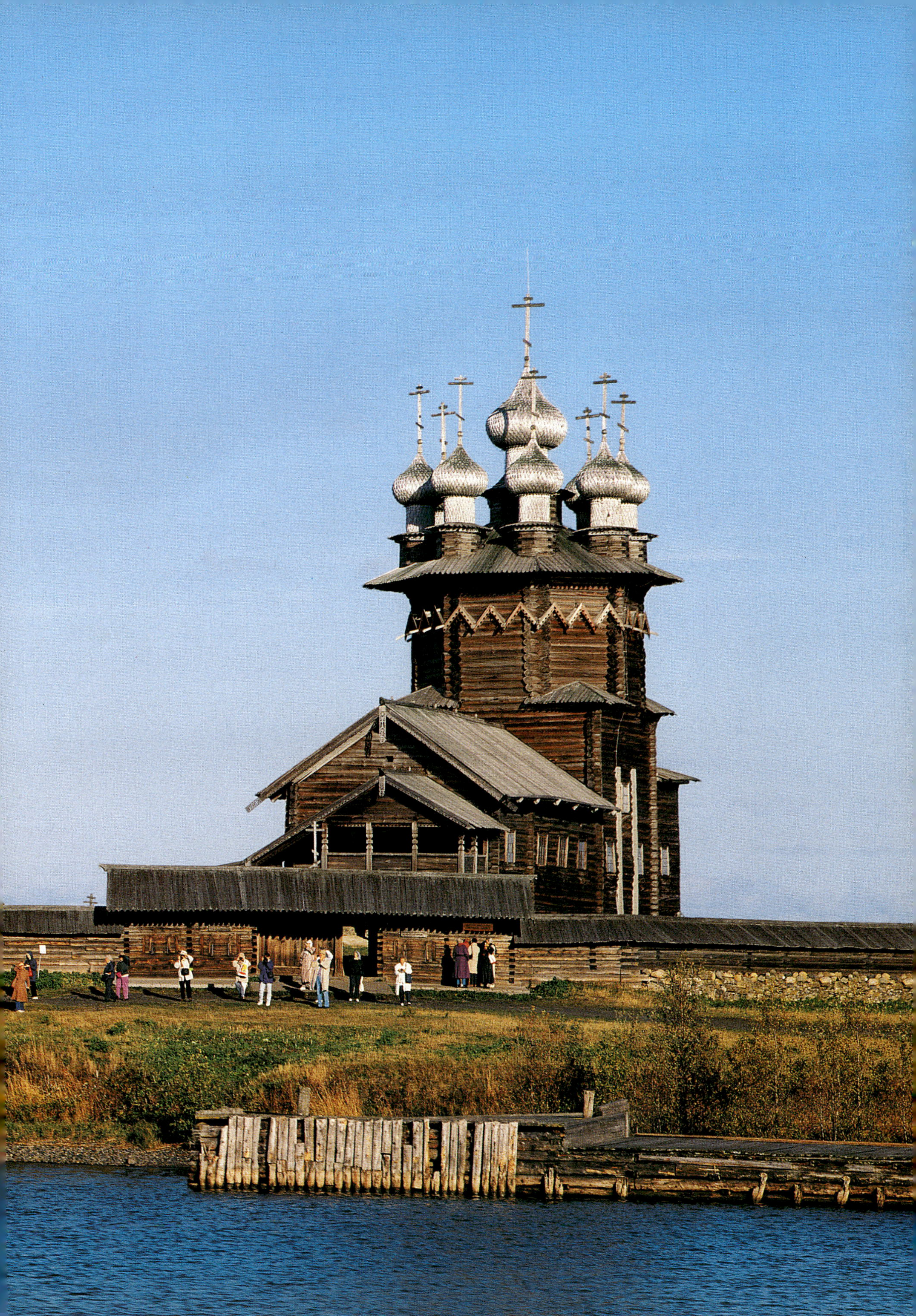

Mariä-Schutzmantel-Kirche und 1874 der Glockenturm gebaut. Doch die Hauptsehenswürdigkeit der Insel ist zweifellos die Christi-Verklärungs-Kirche. Dieses grandiose Bauwerk, gekrönt von 22 Kuppeln, scheint über der Erde zu schweben und ist bei jedem Wetter schön. Ihre mit Espenbrettern getäfelten Zwiebeltürmchen spiegeln das wunderbare Spiel der Sonnenstrahlen und nachts das Mondlicht wider.
1951 wurde in Kiži ein Freilichtmuseum der altrussischen Holzbaukunst eröffnet.

Im Museumsreservat

Blick von der Vortreppe

Einheimische Meister. Holzschnitzerei

KIŽI | 45

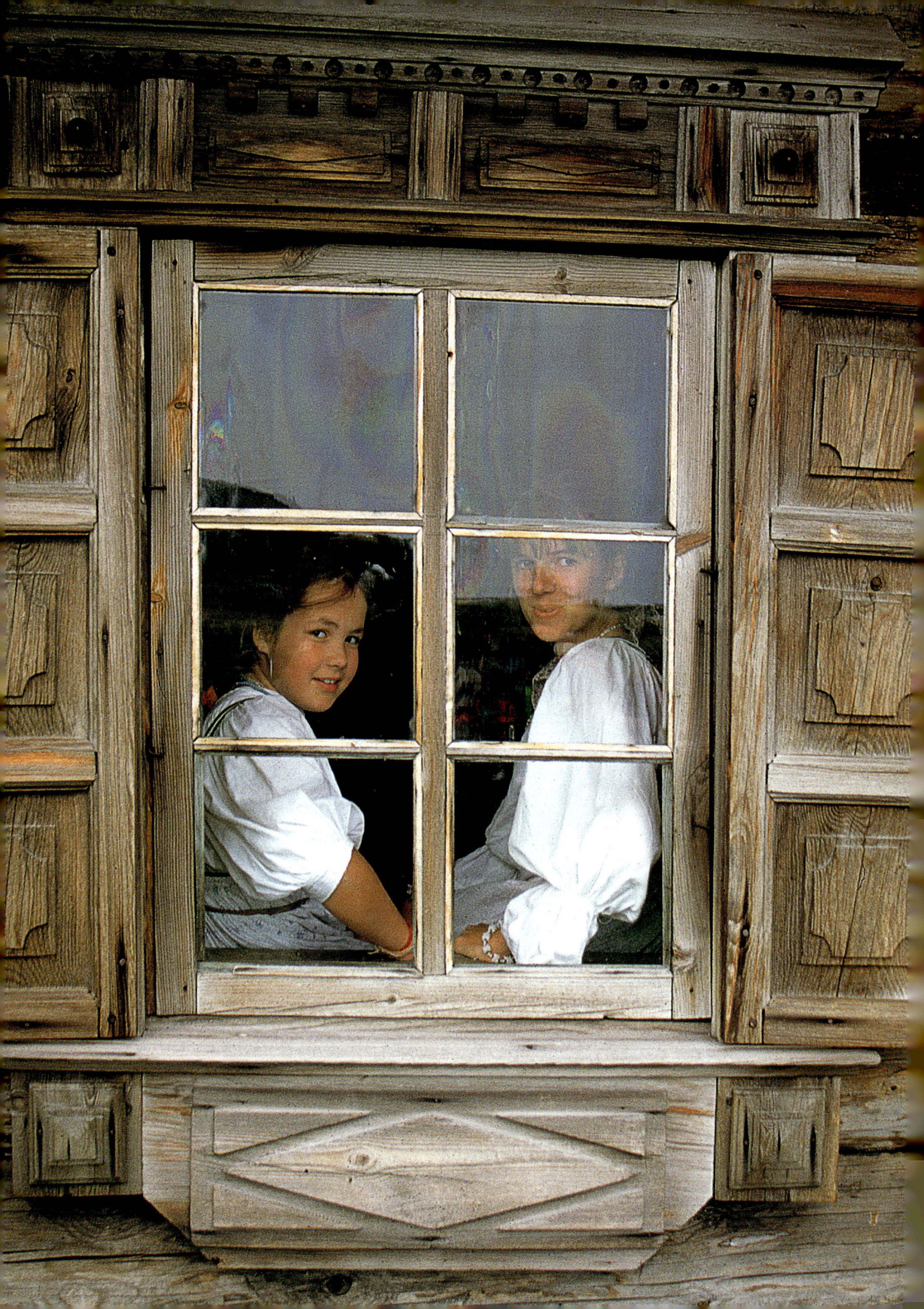

Zu diesem Zweck hat man hier aus naheliegenden Dörfern bemerkenswerte Baudenkmäler zusammengebracht, darunter auch die kleine St.-Lazarus-Kirche. Der Überlieferung nach wurde sie vom Gründer des Muromskij-Klosters, dem Mönch Lazarus, errichtet, von dem bekannt ist, dass er 1391 starb. Die St.-Lazarus-Kirche muß dann also der älteste hölzerne Kultbau Russlands sein. Die Länge ihres Schiffs beträgt nur 3 Meter, die Vorhalle und der Altar wirken spielzeugartig. Im Freilichtmuseum findet man auch zwei große Bauernhäuser und zwei Windmühlen, am Ufer stehen traditionsgemäß Banjas (russische Dampfbäder), die an alte Zeiten erinnern.

Während der ganzen Touristensaison werden in diesem Museumsreservat verschiedene Arten des russischen Kunstgewerbes des Onegagebiets präsentiert und Konzerte des Folkloreensembles des Museums und der Glockenmusik veranstaltet. Seit 1990 stehen die Denkmäler der Kiži-Insel auf der Liste der zu rettenden und zu erhaltenden internationalen Kulturschätze der UNESCO.

Auf dem Gelände des Museumsreservats werden traditionsgemäß viele Kirchen- und Staatsfeste gefeiert: die sogenannten Ostern-Treffen (nach dem Ostern), der Petrus-Tag (am 12. Juli, im Dorf Volkostrov), der Eliastag (am 2. August, im Dorf Teljatnikovo), der Christi-Verklärungs-Tag (am 19. August, in der Christi-Verklärungs-Kirche), der Tag der Kižskaja Volost (am 23. August) u.a.

Unser Schiff verläßt den Onegasee und fährt über den 1964 eröffneten Wolga-Ostsee-Kanal zum Nordufer des Rybinsker Stausees. Der 368 Kilometer lange Wolga-Ostsee-Kanal ersetzte das veraltete Marienkanalsystem mit seinen kleinen Schleusen und verband die obere Wolga mit dem Onegasee.

»Saßen spät zwei junge Mädchen, Schnurrend ging ihr Spinnerädchen...«

Freilichtmuseum der Holzbaukunst. Mühle

Folksfest

Die Kovža – diesen Namen tragen drei Flüsse im Nordwesten Russlands. Wir befahren den größten davon: die West-Kovža. Der 107 Kilometer lange schiffbare Fluss entspringt dem Kovžinskoje-See im Kreis Vytegra, Gebiet Vologda, und mündet in den Weißen See. Zusammen mit der Šeksna gehört er zum Wolga-Ostseekanal. Im Zusammenhang mit dem Bau dieses Kanals wurde das Flussbett (ursprünglich 43 km lang) teilweise geändert. Im Norden behielt der Fluss sein ursprüngliches Aussehen mit den wunderschönen steilen Ufern und Felsen.

Kovža. Anlegestelle

Das Segel ist gerefft: Wenn kein Wind da ist, muß der Motor herhalten

Der Weiße See, dem die Šeksna entspringt und in den die Kovža mündet, befindet sich im Norden des Vologda-Gebiets. Seine Fläche beträgt 1.400 Quadratkilometer, die Durchschnittstiefe vier Meter. Zusammen mit den beiden genannten Flüssen bildet der See einen Teil des Wolga-Ostsee-Kanals. Sein Name soll eine wortwörtliche Übersetzung aus dem Wepsischen sein. Doch im »Geographischen Wörterbuch des Russischen Reiches« aus dem Jahre 1801 wird er anders erklärt: »Der Weiße See ist ziemlich tief und hat sauberes Wasser und einen steinigen, zum großen Teil lehmigen Boden. Dieser Lehm, sehr fein und weiß, vermischt sich mit dem Wasser während der Stürme und gibt dem See seine charakteristische weiße Farbe...«

Der See hat eine fast ideale ovale Form, die sich wegen des gestiegenen Wasserstandes nach der Errichtung des Wolga-Ostseekanals etwas veränderte. Der Boden ist mit Sand bedeckt, an den Nordufern gibt es steinige Untiefen. Der relativ flache See hat einige tiefe Mulden. Die niedrigen bewaldeten, stellenweise vermoorten Ufer sind von herrlichen Wiesen umsäumt. Die hier herrschenden starken Winde erschwerten lange Zeit die Schiffahrt, bis 1918 ein Umleitungskanal dem Südufer entlang errichtet wurde. Der Weiße See ist sehr fischreich: Hier gibt es Hechte, Barsche, Quappen, Zander, Brassen, Alande, Plötzen, Stinte und sogar kleine Störe. Die hiesigen Stinte waren in ganz Russland berühmt.

Seit alters her verbanden der Weiße See und seine Flüsse den Norden mit dem

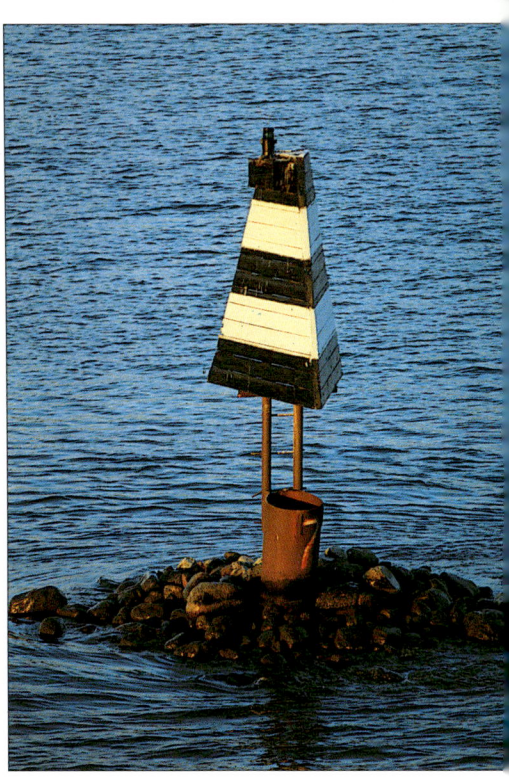

Kovža. Der Uferwald spiegelt sich im stillen Wasser

Boje

DER WEIßE SEE | 49

Süden Russlands. Zu Beginn des 20. Jahrhunderts wurde der See ein Teil des Marienkanalsystems, das später der Wolga-Ostsee-Kanal ersetzte. Die in Belozersk gegründete ökologische Überwachungsstation sorgt für die »Gesundheit« des Sees, die dadurch gefährdet wird, dass ein Teil der Wälder überschwemmt ist.

Das am Nordufer gelegene alte Belozersk (aus dem Russischen übersetzt: »Stadt am Weißen See«), einst die Hauptstadt des Belozersker Fürstentums, wie auch der See in zahlreichen Bylinen, Legenden und Liedern besungen, bestand bereits im 9. Jahrhundert, noch vor der Berufung des Rurik, und war vom Stamm Vjes' bevölkert. Die heutige Stadt liegt allerdings 18 Kilometer entfernt vom alten Beloozero, das von den Bewohnern im 14. Jahrhundert nach einer Pestepidemie verlassen wurde.

Ende des 15. Jahrhunderts entwickelte sich die Stadt zum Zentrum des Belozerskij Ujezd (Kreis) und wurde 1487 in einen militärischen Stützpunkt an der Nordgrenze des Moskauer Staates verwandelt. Einer der Gründe, warum dieses riesige Fürstentum an Moskau angegliedert werden konnte, bestand darin, dass alle Belozersker Fürsten in der entscheidenden Schlacht gegen die Mongolen auf dem Kulikovo-Feld im Jahre 1380 fielen.

Aus dem 15. Jahrhundert stammen auch die Erdwälle, die bis heute erhalten blieben, während die Holzmauern und die acht Türme Ende des 17. Jahrhunderts abgerissen wurden.

In Belozersk gibt es heute viele interessante Baudenkmäler aus dem 12.–18. Jahrhundert. Außerdem sind mehrere Stadtvillen der Adeligen aus der Mitte des 19. Jahrhunderts im klassizistischen Stil, die ihr ursprüngliches Aussehen behielten, praktisch unversehrt geblieben.

Weißer See. Möwen und Kiefern über den Wellen

Morgennebel über dem Weißen See

Schlepper auf dem Wolga-Ostsee-Kanal

DER WEIßE SEE

Das am Ostufer der Šeksna gelegene Dorf Goricy ist durch den Baukomplex des Christi-Auferstehungs-Frauenklosters berühmt, das erst vor kurzem der russisch-orthodoxen Kirche zurückgegeben wurde und sich nun langsam von den schweren Schicksalsschlägen erholt. Im Dorf befindet sich überdies eine heilsame Quelle, das Ziel von zahlreichen Pilgern. Das Kloster wurde 1544 von der Moskauer Fürstin Jefrosinja, der Frau des Andrej Starickij, eines Sohnes Ivans III., gegründet. Jefrosinja wurde wegen der Beteiligung an einer Bojarenverschwörung gegen Ivan IV. (den Schrecklichen) in dieses Kloster verbannt, ihr Sohn Vladimir aber, den die Bojaren auf den Thron setzen wollten, in Moskau hingerichtet. Jefrosinja (nach der Nonnenweihe Jevdokija) kam zusammen mit ihren Handarbeiterinnen in das Kloster und beschäftigte sich mit Stickereien. Ihre Arbeiten kann man heute im Klostermuseum (Museum des Kirillo-Belozerskij-Klosters) sehen. Während der Smuta (Zeit der Wirren, 1605–1613) lebte in diesem Kloster die Zarewna Ksenija, die Tochter des Zaren Boris Godunov. Auch die Braut des 14jährigen Peters II., Jekaterina Dolgorukova, wurde 1730 in das Kloster verbannt. Das älteste Bauwerk des Goricker Klosters ist die kubusförmige, ursprünglich einkuppelige Christi-Auferstehungs-Kirche (1544). Daneben liegt die St.-Demetrios-Kirche (1611). Der Glockenturm und die Dreifaltigkeits-Kathedrale stammen aus dem 17., die Umzäunung aus dem frühen 19. Jahrhundert.

Auf dem kleinen, spontan entstehenden Dorfmarkt werden bescheidene hausgemachte Waren geboten: Dörrfisch, getrocknete Pilze, Grünzeug, Blumen etc. Die 8 Kilometer entfernte benachbarte Stadt Kirillov erreicht man mit dem Bus.

Goricy. Christi-Auferstehungs-Frauenkloster. Rechts vom Boot eine heilsame Quelle. Im Kloster sind Wiederherstellungsarbeiten im Gange.

Goricy. Auf dem Pier. Improvisierter Markt

In Goricy

Goricy. Auf dem Pier. Blumen, Pilze, Dörrfisch – greif zu!

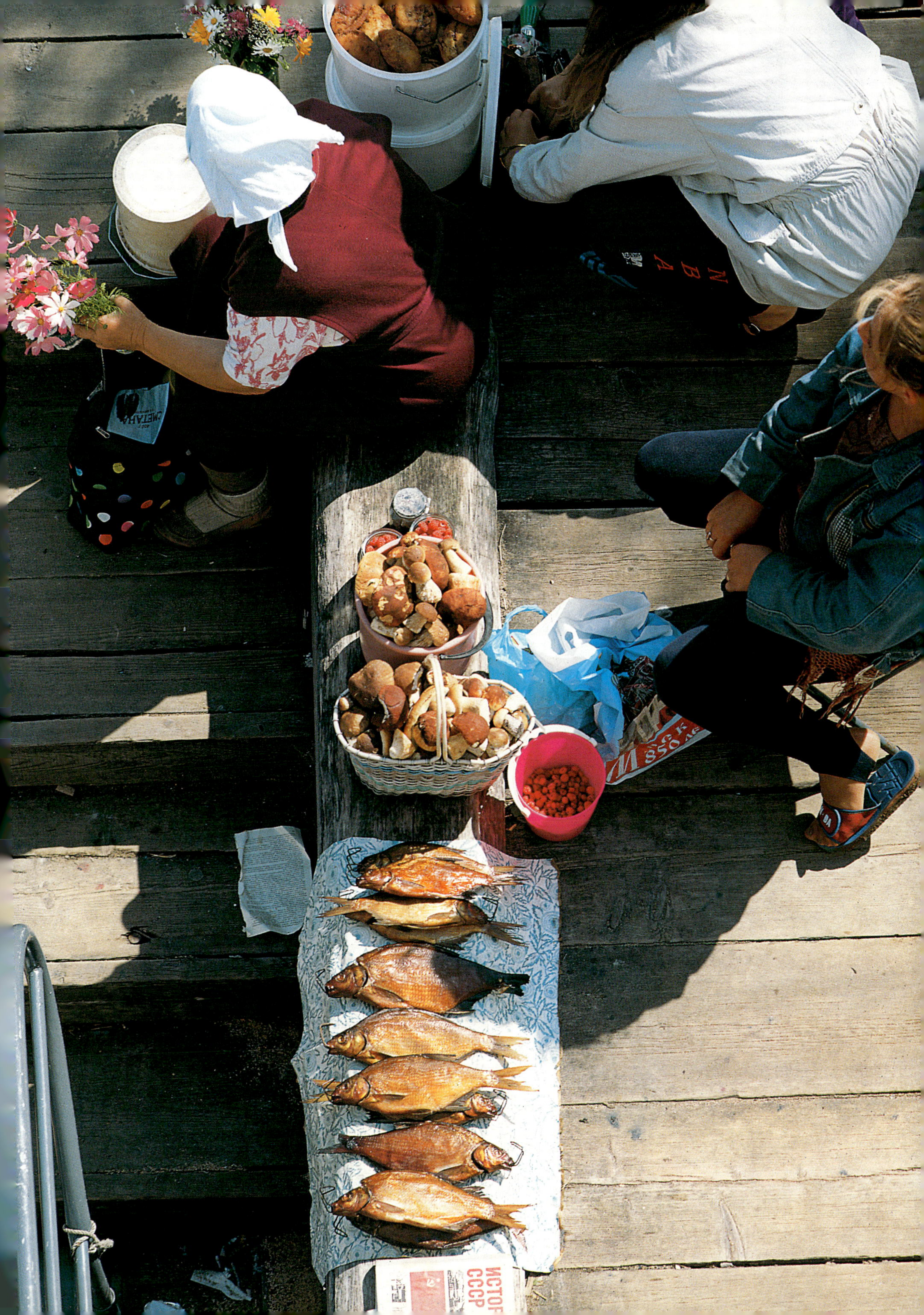
ИСТОР
СССР

Kirillov

Kirillov, eine Stadt im Gebiet Vologda, ist ein außerordentlich wichtiger Punkt des Nord-Dvina-Wassersystems. Die Bedeutung seines architektonischen und kulturellen Erbes, die Rolle, die es im Schicksal Russland spielte, ist nicht zu überschätzen. Die Stadt entstand um das Kirillo-Belozerskij-Kloster, ihre heutige Hauptsehenswürdigkeit. Der Gründer dieses Klosters (neben dem Soloveckij-Kloster eines der größten Klöster im Norden Russlands) und dessen erster Vorsteher, dem es seinen Namen verdankt, war der heilige Eremit Kirill Belozerskij (1337–1427). Die Klöster spielten in der Alten Rus eine wichtige Rolle: Das waren oft Vorposten an den Grenzen des Staates und zugleich Wirtschafts- und Kulturzentren, die zur Christianisierung heidnischer Stämme beitrugen. Am Ende des 14. Jahrhunderts erlebte die russisch-orthodoxe Kirche wie auch das ganze russische Volk einen geistigen Aufschwung. In der Schlacht auf dem Kulikovo-Feld im Jahre 1380 brachte das russische Heer der Goldenen Horde die erste große Niederlage bei, die den Glauben an die Befreiung vom mongolisch-tatarischen Joch festigte. Der Heilige Sergij von Radonež, ein Reformer des Klosterwesens in Nordrussland, der unter anderem die in blutige Fehden verwickelten russischen Fürsten miteinander aussöhnte, segnete den Moskauer Fürsten Dmitrij Donskoj vor dieser Schlacht und prophezeite ihm den Sieg.

Der Heilige Kirill Belozerskij war ein Mitstreiter des Sergij von Radonež. Nachdem er ein ganzes Jahr in der Einsiedelei,

Die dem Siverskoje-See zugewandte Mauer des Kirillo-Belozerskij-Klosters

Mariä-Entschlafen-Kloster. Heilige Pforte (1323) und Kirche des Johannes Klimakos (1572)

Festungsmauer der neuen Stadt

Vvedenskaja-Kirche mit Refektorium (1519), Glockenturm (1761), Erzengel-Gabriel-Kirche und Kirillovskaja-Kirche (beide 1780)

→
Kirillo-Belozerskij-Kloster vom Siverskoje-See gesehen. Von hier aus belagerten die Polen in der Zeit der Wirren einige Jahre lang vergebens das Kloster

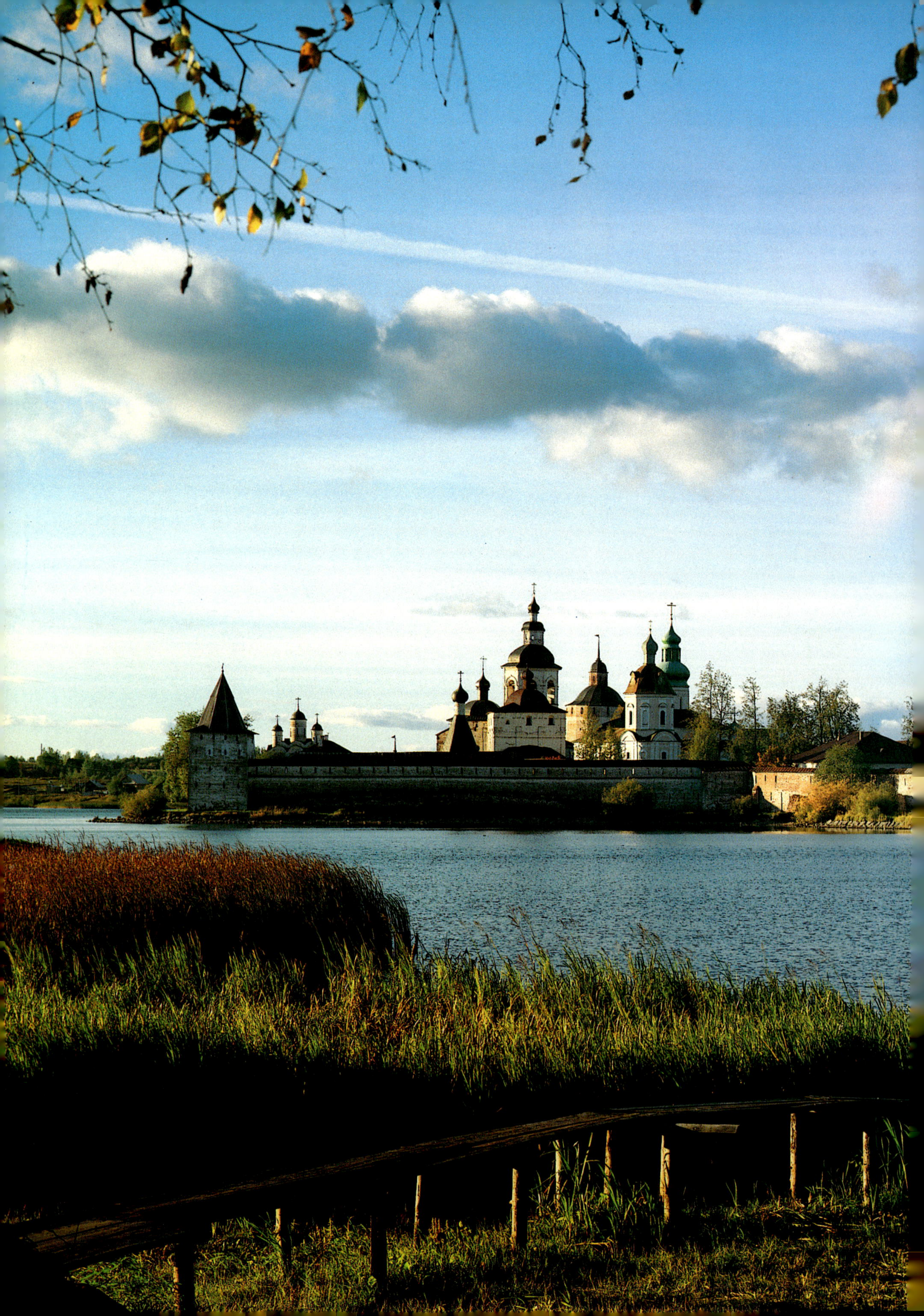

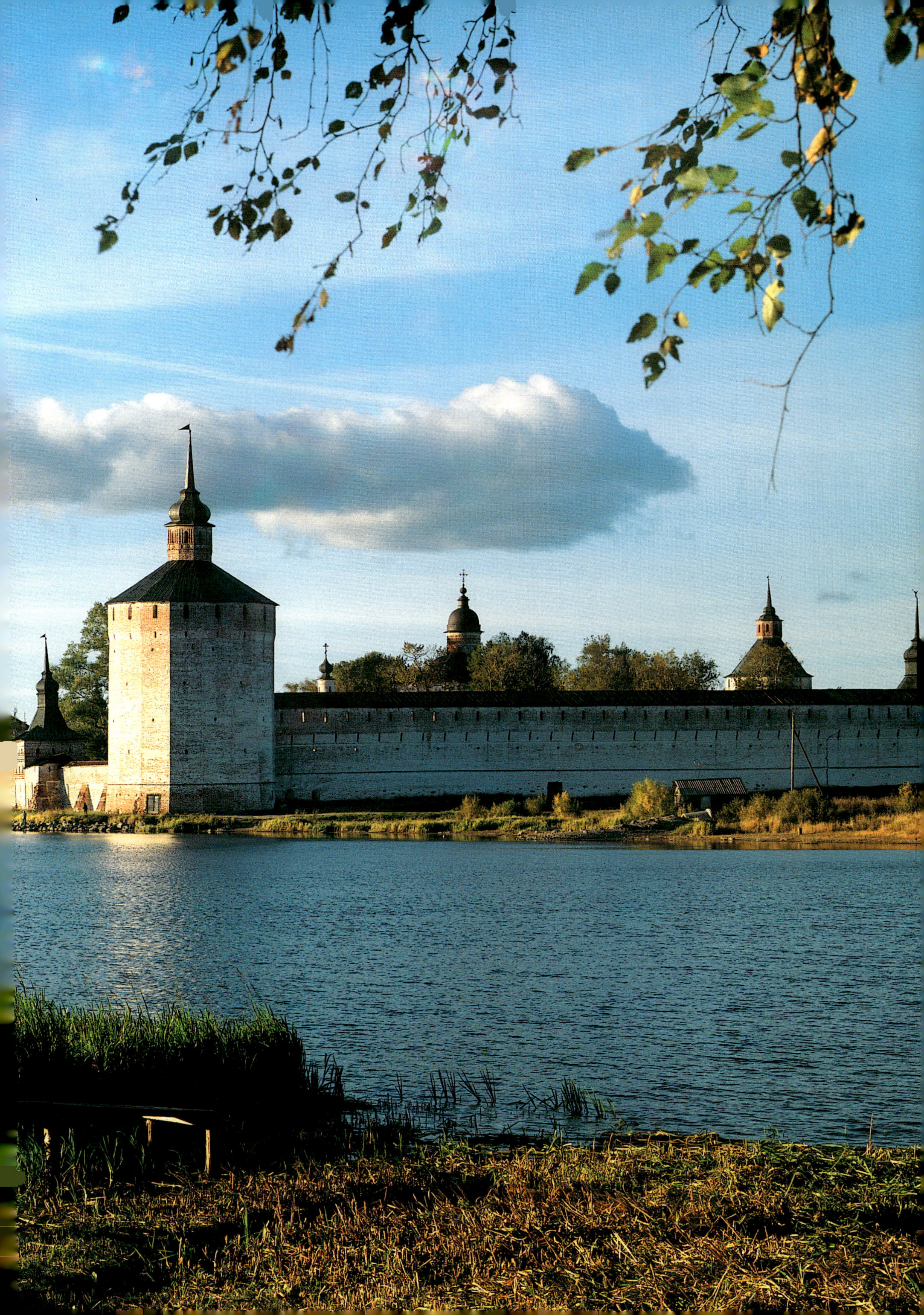

KIRILLOV

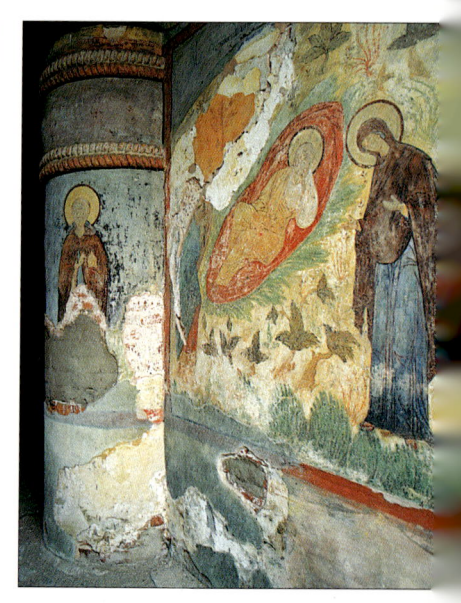

bei Arbeit und Gebet, verlebt hatte, baute der Heilige Kirill die Mariä-Entschlafen-Kirche, später die Mariä-Entschlafen-Kathedrale. Als er im Alter von 90 Jahren starb, zählte das Kloster bereits 53 Mönche.

Das Kloster wurde bereits in der fernen Vergangenheit zu einem Wallfahrtsort. 1529 besuchte es Zar Vasilij III. mit seiner Frau, Jelena Glinskaja, die Gott um ein Kind bat. Ein Jahr später bekam sie einen Sohn, den späteren Ivan den Schrecklichen. Ende des 16. Jahrhunderts wurden im Kloster zur Erinnerung an die Geburt des Thronfolgers die Erzengel-Gabriel-Kirche und die Kirche Johannes des Täufers errichtet. Ivan der Schreckliche kümmerte sich ständig um das Kloster, er besuchte es auch viermal und fügte sich dabei bereitwillig den strengen Kanons des Klosterlebens.

Zu Beginn des 17. Jahrhunderts entwikkelte sich das Kloster zu einem der bedeutendsten Grundbesitzer und besaß über 600 Dörfer. In der Zeit der Wirren wurde es 1612 von den Polen belagert, die jedoch durch das Zusammenwirken von Soldaten und Mönchen eine vernichtende Niederlage erlitten.

Der Bau von Kirchen hörte während des ganzen 17. Jahrhunderts nicht auf. Zur gleichen Zeit ließ der Zar mächtige Befestigungsanlagen errichten, die das Land gegen die schwedischen Überfälle schützen sollten. Die Höhe der Festungsmauern betrug 11 Meter.

1919 wurde das Eigentum des Klosters nationalisiert und 1924 das Kloster geschlossen. Heute gehört es teilweise wieder der Kirche.

Ivanovskij-Kloster. Steinüberdachung über der Kapelle und dem Kreuz wurden von dem Heiligen Kyrill selbst errichtet. Rechts ist die Kirche Johannes des Täufers

Kirche des Heiligen Sergij von Radonež mit dem anliegenden Refektorium

Alte Fresken am Klostereingang

Der Heilige Kyrill von Belozersk mit Vita. Anfang– erstes Drittel des 16. Jh.

Museum des Kirillo-Belozerskij-Klosters. Mariä-Entschlafen. Anfang des 15. Jh.

Museum des Kirillo-Belozerskij-Klosters. Erlöser Um 1497

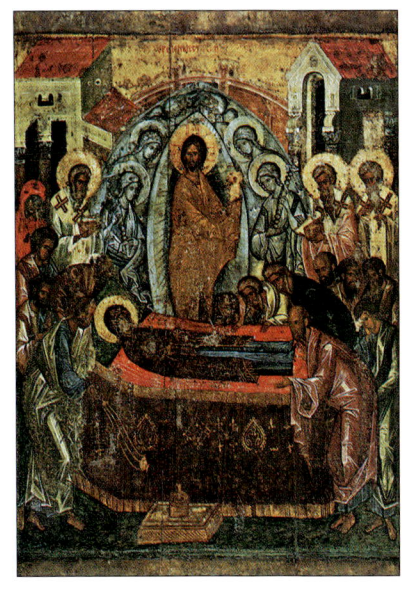

Die Šeksna, ein Fluss, der im Vologda-Gebiet dem Weißen See entspringt und in die Wolga, genauer gesagt in den Rybinsker Stausee mündet, gehört zum Wolga-Ostsee-Kanal. Dieser einst sehr fischreiche Fluss ist 164 Kilometer lang. Seine Ufer sind niedrig, zum Teil vermoort. Der Name Šeksna geht wohl auf ein finnisches Wort zurück, das soviel wie »mit Riedgras bewachsener Nebenfluss« bedeutet. Seit der Zeit der Kiewer Rus verband die Šeksna den russischen Norden mit der Wolga. Direkt bei ihrer Quelle ragt die Ruine einer alten Kirche. Das ist alles, was vom Dorf Krochino übrigblieb, an dessen Stelle sich bis zum 14. Jahrhundert die alte Stadt Beloozero befand. Durch den Bau des Wolga-Ostsee-Kanals wurde das Flussbett der Šeksna begradigt, vertieft und erweitert. Das Schleusensystem beeinflusste die Landschaft wesentlich.

An der Šeksna liegt die große Industriestadt Čerepovec. Von Bord unseres Schiffes kann man nur die Hafenkräne und die rauchenden Schlote sehen. Die Stadt griff inzwischen auf das gegenüberliegende Ufer über. Eine gigantische, 1 Kilometer lange Brücke verbindet die beiden Stadtteile miteinander. Die Brücke wird von Stahltrossen getragen, ihr Mittelpfeiler steht in 85 Meter Tiefe im Seeboden. Unter der Brücke können problemlos beliebig große Binnenschiffe fahren. Dabei sieht man aber auf der Šeksna auch viele alte Fähren, die der Landschaft besonderen Reiz verleihen.

Šeksna

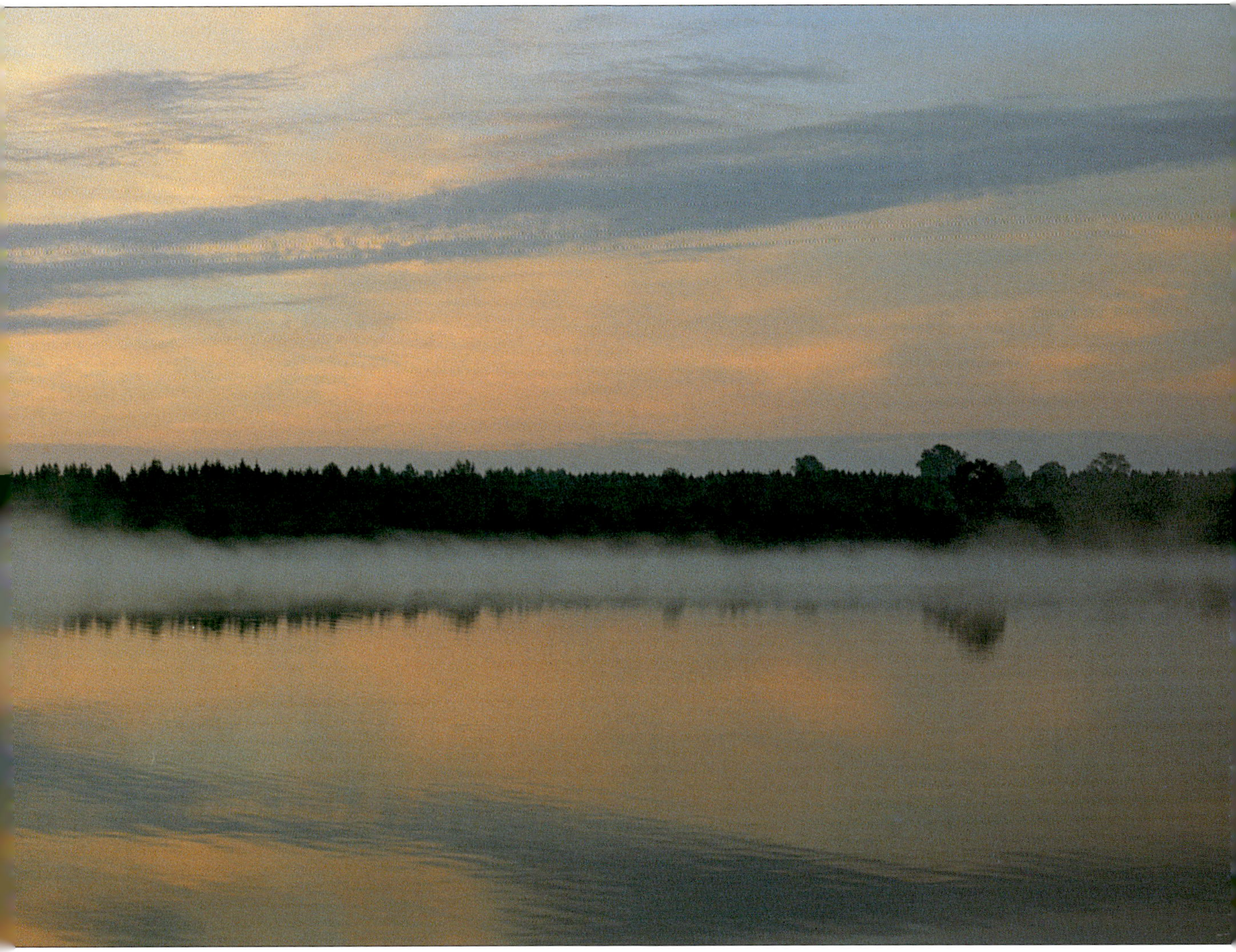

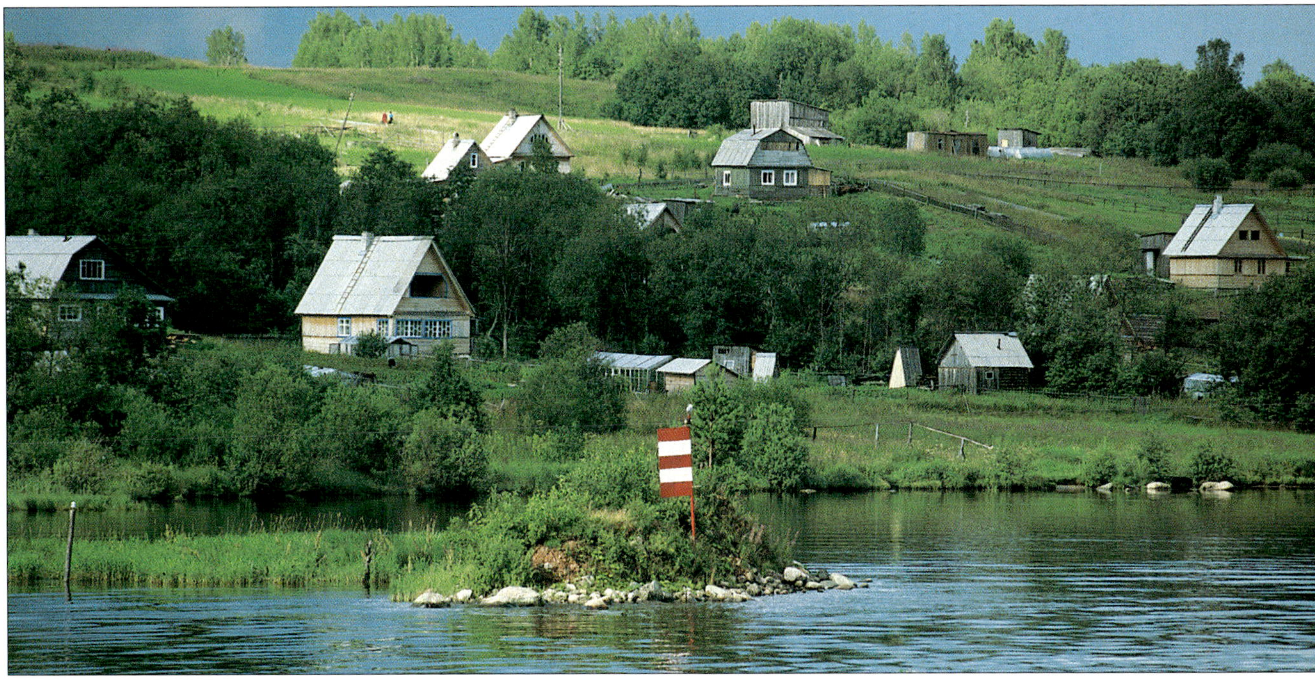

Am Šeksna-Stausee, beim Dorf Topornja, beginnt die Nord-Dvina-Wasserstraße, die über viele Kanäle, Seen und Flüsse in den Kubenskoj-See und dann in die Nord-Dvina führt. Diese 135 Kilometer lange Wasserstraße umfaßt sechs Schleusen und acht Staudämme. An der Ausarbeitung des Projekts der Nord-Dvina-Wasserstraße nahm der Herzog Alexander von Württemberg, ein Bruder der Zarin Maria Fedorovna (der Witwe Pauls I.), teil. Lange Zeit trug die Wasserstraße seinen Namen. Mit ihrer Errichtung wurde 1825 begonnen, und bereits drei Jahre später war sie für die Schiffahrt eröffnet. Mit dem heutigen Čerepovec assoziiert man vor allem die Eisen- und Stahlindustrie. Es ist einer der bedeutendsten Lieferanten von Eisenmetallen auf dem Weltmarkt und der größte Walzstahlproduzent in Russland. Leider schafft das Čerepovecker Eisen-, Stahl- und Walzwerk auch große ökologische Probleme.

In Čerepovec könnten für die Touristen das wieder aufgelebte Christi-Auferstehungs-Kloster im Stil des späten Barock (1752), klassizistische Stadtvillen der reichen Kaufleute aus dem frühen 19. Jahrhundert, die mit Schnitzereien verzierten hölzernen Wohnhäuser aus der zweiten Hälfte des 19. Jahrhunderts und das Stadtmuseum mit seinen reichen Sammlungen von archäologischen Funden, altrussischen Ikonen, Werken der angewandten Kunst und alten Büchern und Handschriften von Interesse sein.

1984 wurde in Čerepovec, in einer alten Stadtvilla, das Verestschagin-Gedenkmuseum eröffnet. Seine Ausstellungen machen vor allem mit Leben und Werk des berühmten russischen Künstlers, eines Meisters der Schlachtenszenen, Vasilij Verestschagin, bekannt, der in Čerepovec 1842 geboren wurde und 1904 in Port Arthur fiel, doch viele Exponate geben Aufschluss über die Tätigkeit seines älteren Bruders, Nikolaj, der einen bedeutenden Beitrag zur Entwicklung der einheimischen Käserei und Buttererzeugung leistete.

55 Kilometer von Čerepovec entfernt liegt die kleine Stadt Šeksna, die sich über 7 Kilometer den Fluss entlang zieht. Sie ist durch besonderes Holz für die Herstellung von Musikinstrumenten und Leinenerzeugnisse bekannt.

1963 wurde an der Šeksna der erste und 1992 der zweite Damm des Wasserkraftwerks errichtet. Die Fallhöhe beträgt hier 13 Meter.

Der Rybinsker Stausee entstand 1941–1947 durch das Eindämmen der Wolga und der Šeksna mit Hilfe der Staudämme des Rybinsker hydrotechnischen Komplexes. Die Fläche dieses 140 Kilometer langen und 70 Kilometer breiten künstlichen Meeres beträgt 4.580 Quadratkilometer, die Durchschnittstiefe 5,6 Meter.

Früher, vor der Entstehung des Stausees, waren die Wolga, die Šeksna und die Mologa durch die nicht sehr tiefen Kanäle des alten, in der ersten Hälfte des 19. Jahrhunderts gebauten Marienkanalsystems verbunden. Die Idee, die Kovža mit der Vytegra zu verbinden, stammte von Peter dem Großen, dem wir auch den Ladoga-Umleitungskanal und das Vyšnevolockij-Kanalsystem verdanken. Sein Plan wurde aber erst unter Alexander I. im Jahre 1808 verwirklicht. Zuerst war die Schiffahrt im Marienkanalsystem ziemlich gefährlich, besonders auf dem Weißen See und dem Onegasee. Der Bau des Marienkanalsystems wurde erst nach der Errichtung des Belozerskij- und des Onežskij-Umleitungskanals (1852) abgeschlossen. Doch die Durchschnittstiefe der Schleusen war dermaßen gering, dass die Schiffe von einer Schleuse zur anderen oft mit Hilfe von Seilen geschleppt werden mussten. Eine Schiffsreise von Petersburg nach Rybinsk konnte bis zu drei Monate dauern.

Der grundlegende Umbau des Marienkanalsystems begann vor dem Zweiten

Morgendunst verspricht schönes Wetter

Heuschober

Schlepper »Volna«

Segelboot auf dem Wolga-Ostsee-Kanal

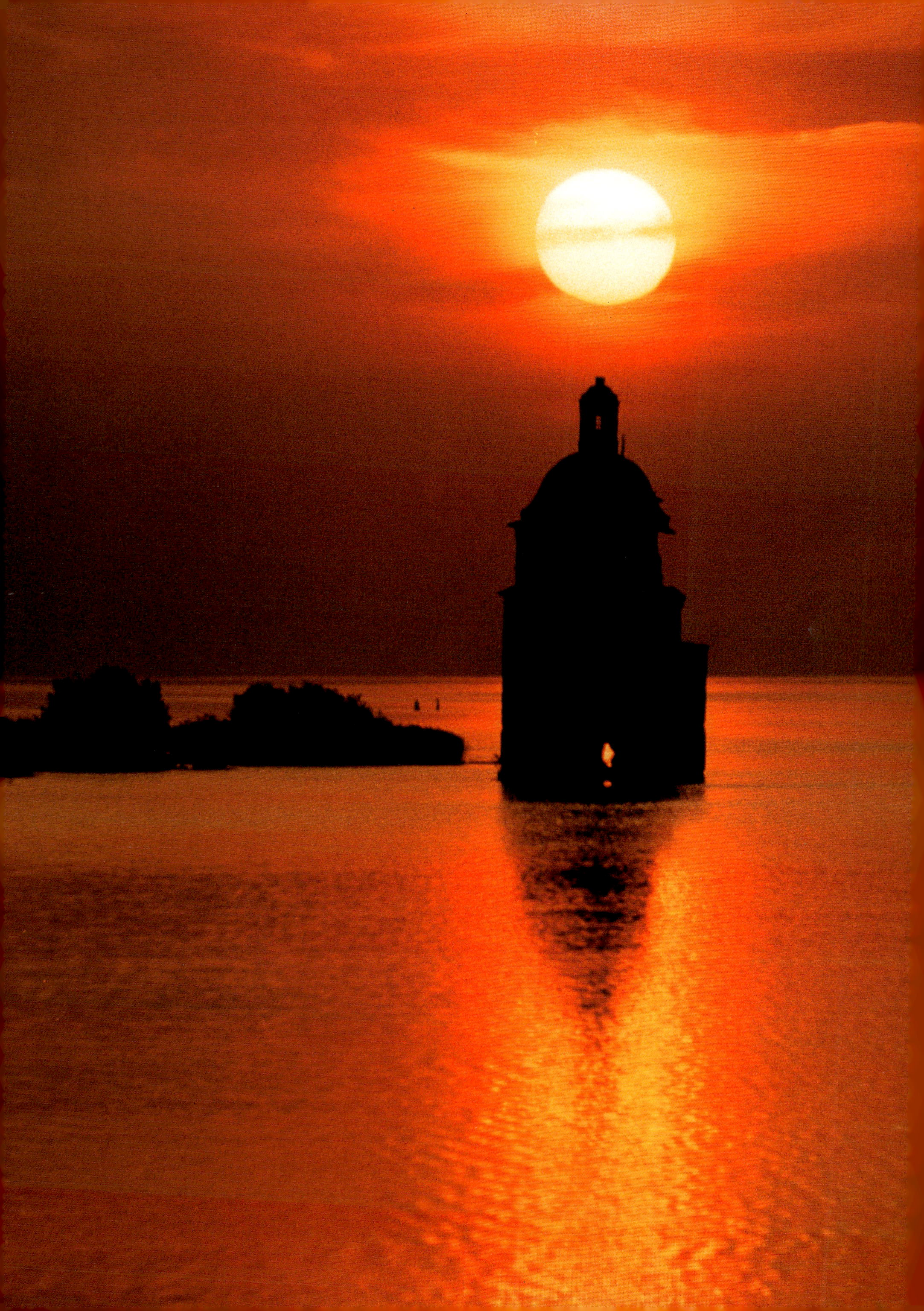

Weltkrieg und dauerte bis 1964. Zu dem an dessen Stelle entstandenen Wolga-Ostsee-Kanal gehören (wenn man vom Süden nach Norden fährt) der Rybinsker Stausee, die Šeksna, der Weiße See, die Vytegra, der Onežskij-Umleitungskanal, der Swir, der Ladožskij-Umleitungskanal und die Newa. Die Länge dieses Wasserweges beträgt 1.100 Kilometer.

Die gewaltigen Dämme an der Wolga und der Šeksna erlaubten es, einen riesigen Stausee zu schaffen, doch für die Verwirklichung des grandiosen Projekts mussten schmerzliche Opfer gebracht werden: Mehrere Hundert Dörfer verschwanden unter dem Wasser. Auf dem Grund des von Menschenhand gemachten Meeres blieb auch eine alte russische Stadt mit ihren schönen alten Straßen, Häusern und Friedhöfen: das einst sehr berühmte Mologa, dessen Fürsten treue Verbündete des Dmitrij Donskoj waren und dessen hoher Glockenturm bis heute über den Weiten des Rybinsker Stausees als eine Art trauriger Obelisk ragt. Die Wolga, die wichtigste Wasserstraße Russlands und der größte Strom Europas, wurde im Altertum *Rha* und im Mittelalter *Itil* oder *Etel* genannt. Der heutige Name ist finnisch-ugrischer Herkunft. Aus dem Wepsischen, Vodischen und Ižorischen übersetzt, bedeutet er »weiß« oder, in Bezug auf einen Fluss, »klar«.

Die Wolga ist 3.700 Kilometer lang mit einem Einzugsgebiet von 1,36 Millionen Quadratkilometern. Sie entspringt im Gebiet Tver, auf den Waldai-Höhen, durchzieht den europäischen Teil Russlands von Norden nach Süden, empfängt ca. 200 Nebenflüsse und mündet in das Kaspische Meer, indem sie ein großes Delta bildet.

Weißer See. Kirche des Krochinskij Pogost, der bei der Errichtung des Wolga-Ostsee-Kanals überschwemmt wurde. Ausfahrt zur Šeksna

Rybinsker Stausee. Richtbake

Oseredok. Einst war das ein Hügelgipfel...

Das Boot ist klar

→
Wolga bei Rybinsk. Christi-Verklärungs-Kathedrale (19. Jh.)

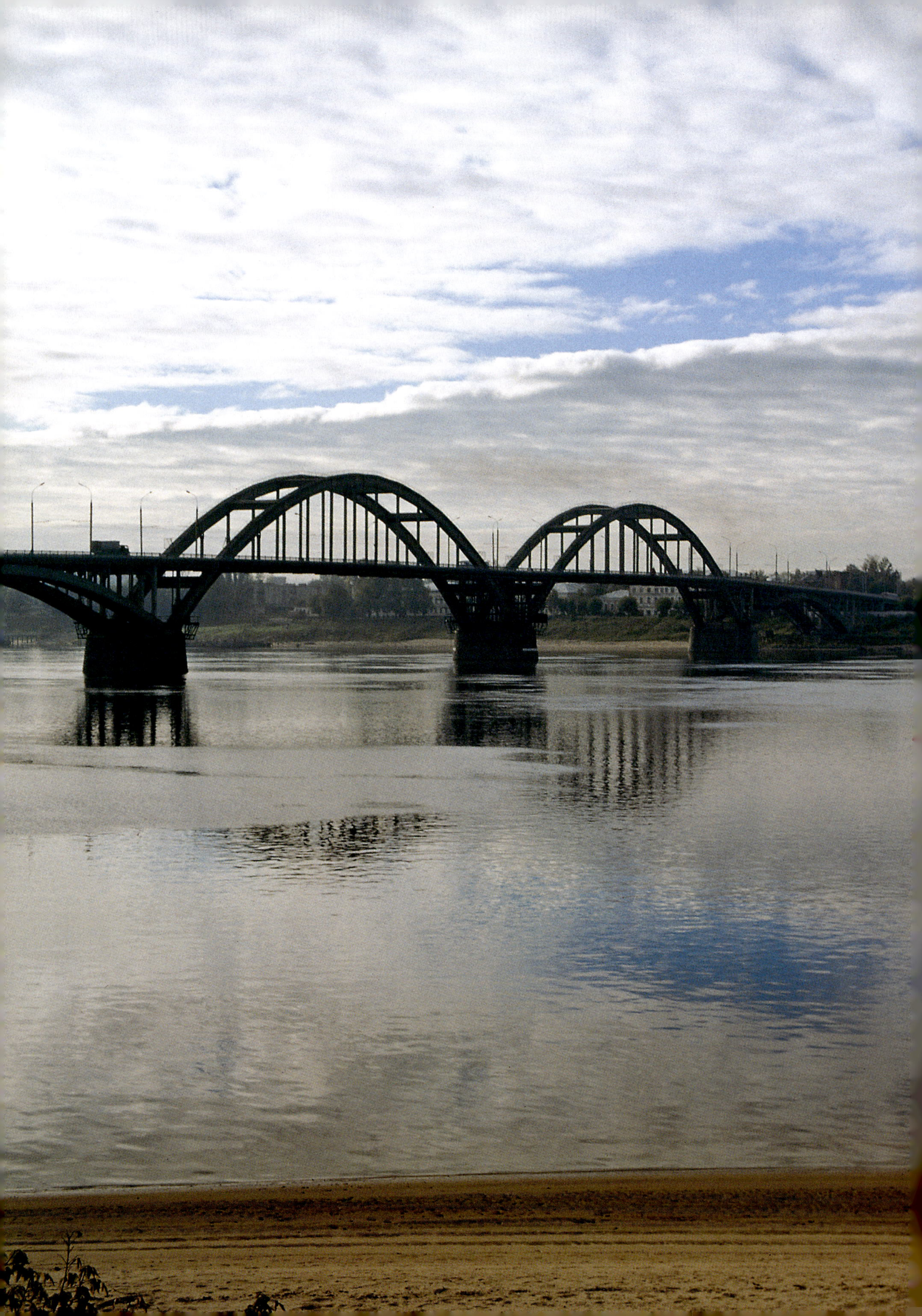

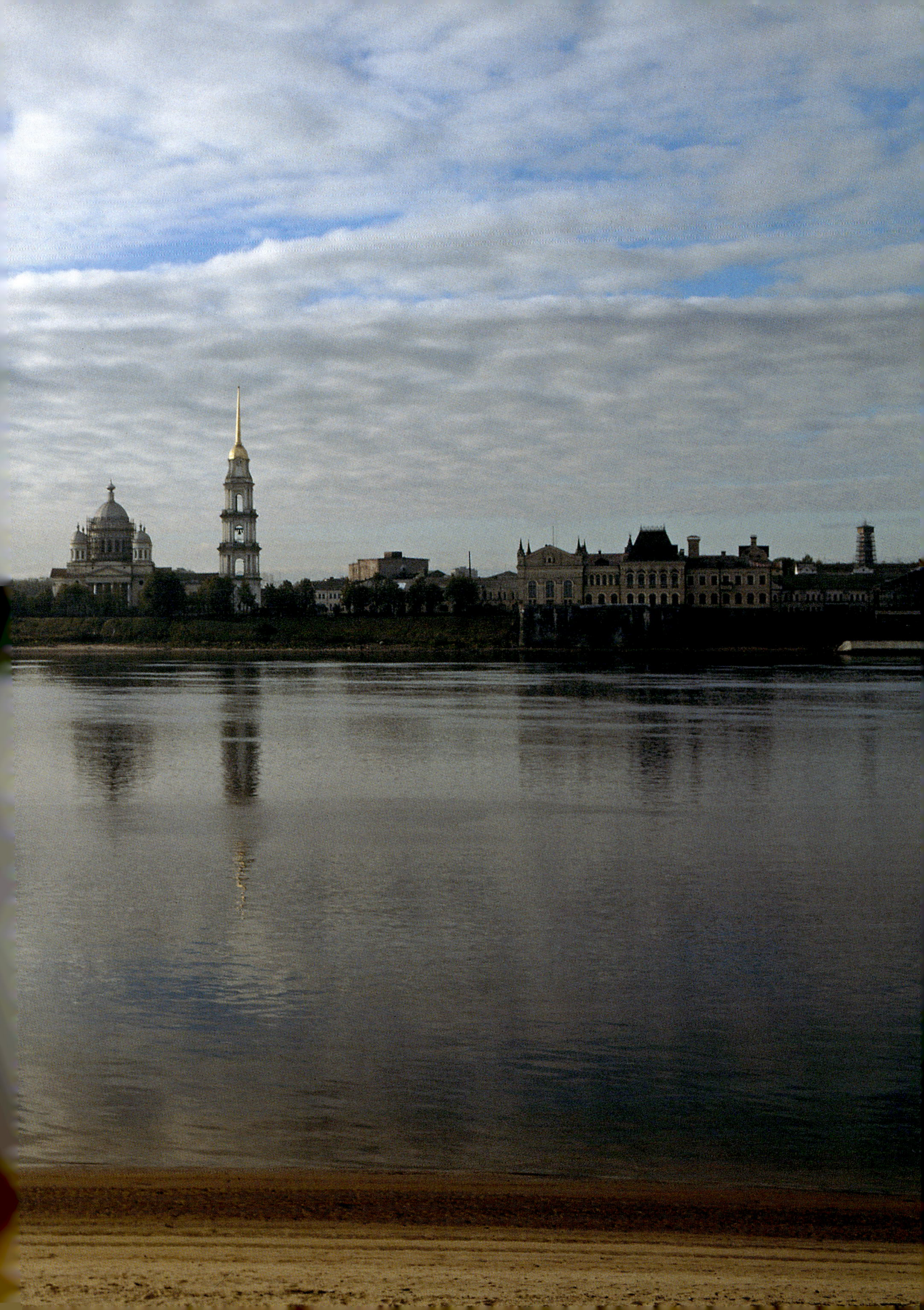

Der Einzugsbereich der Wolga liefert ein Viertel der gesamten landschaftlichen Produkte und ein Fünftel der Flussfische des Landes. Es gibt etwa 70 Fischarten in der Wolga, darunter ca. 40 Speisefischarten: Heringsfische, Hechte, Zander, Brassen, Karpfen, Welse, Störe, Sterlette u.a.

Die Wolga war bereits im Altertum ein wichtiger Handelsweg, der den Norden und den Süden Osteuropas verband. Die reguläre Schiffahrt beginnt von der Stadt Ržev. Bei Tver erreicht die Breite der Wolga bereits 200 Meter. An der Wolga sind 40 bedeutende Städte gelegen, solche wie Tver, Rybinsk, Jaroslavl, Kostroma, Nižnij Novgorod, Kazan, Samara, Volgograd (vor der Revolution Caricyn, dann Stalingrad) oder Astrachan und noch weitere 1.000 kleinere Städte und Ortschaften. Fast alle Wolga-Städte liegen am hohen rechten Ufer.

Während der Sowjetperiode wurden an der Wolga mehrere große Stauseen angelegt: der Wolga-Stausee (»Moskauer Meer«), der Stausee von Uglič, der Rybinsker Stausee u.a. sowie sechs Wasserkraftwerke errichtet. Die künstlichen Wasserstraßen verbinden die Wolga mit der Ostsee, dem Weißen, Ažovschen und Schwarzen Meer. Die meistbeförderten Güter sind Holz, Öl, Baumaterialien, Korn, Salz und Obst.

Jules Verne verglich die Wolga mit einem riesigen Baum, dessen Zweige nach allen Enden des Russischen Reiches gehen. Die Wolga wurde in unzähligen Volksliedern, Sagen, Legenden und Romanen besungen. Wieviele poetische Beschreibungen seines Hauptflusses lieferte das russische Volk, wieviele schöne Metaphern widmete es ihm! »Wolga-Mutter«, »Wolga-Mütterchen«, »Ernährerin«... Ganz zu schweigen von begeisterten Epitheta.

Die Wolga besiegelte das jahrhundertealte Bündnis verschiedener Völkerschaften, die an ihren Ufern leben: der Russen, Tataren, Mordwinen, Tschuwaschen, Wolga-Deutschen u.a.
An den unbesiegbaren militärischen Festen der Wolga zerschellten viele Feindesheere sowohl im Altertum als auch im 20. Jahrhundert. Hier tobte auch während des Zweiten Weltkriegs die grauenvolle Schlacht um Stalingrad.

Wolga-Ufer

Statue »Wolga«. Vor der Rybinsker Schleuse

Tolgskij-Frauenkloster bei Jaroslavl

WOLGA | 69

Jaroslavl

Jaroslavl ist eine Gebietsstadt mit 627.000 Einwohnern und ein bedeutender Hafen. In der Stadt gibt es viele Indusrtriebetriebe – Motorenwerk, Autoreifenfabrik, Elektromaschinenwerk u.a. –, das medizinische, pädagogische und technologische Institut.

Urkundlich erstmalig 1071 erwähnt, wurde Jaroslavl einige Jahrzehnte früher vom Fürsten Jaroslaw dem Weisen gegründet, dem es auch seinen Namen verdankt. 1218 wurde es zur Hauptstadt des Jaroslavler Fürstentums. 1238 eroberten die Mongolen die Stadt und plünderten sie aus. 1463 wurde das Fürstentum an den im Entstehen begriffenen Moskauer Staat angegliedert. In der Zeit der Wirren, während der polnischen Intervention, zog die Regierung aus Moskau nach Jaroslavl. Hier fand auch der Zemskij Sobor (Landesversammlung) statt, der alle zum Befreiungskampf aufrief. In Jaroslavl wurde von Kuzma Minin und Dmitrij Požarskij das Landsturmaufgebot gebildet (etwa 25.000 Mann). Für die großen Verdienste Jaroslavls um das Vaterland in der Zeit der Wirren erhielt die Stadt das Recht, steuerfrei Baustein und -holz zu gewinnen und zu transportieren, was den wirtschaftlichen Aufschwung der Stadt und vor allem ihre städtebaulichen Erfolge im 17. Jahrhundert bestimmte. Das 17. Jahrhundert kann zu Recht als die Goldene Ära in der Stadtgeschichte bezeichnet werden. Handwerk und Handel blühten auf. Kaufleute aus aller Welt brachten ihre Waren nach Jaroslavl. Die fünfzig Kirchen zeugten von Wohlstand und Frömmigkeit der Bürger. Baukunst und Freskenmalerei erlebten ihre Blütezeit. Mutterwitz und Findigkeit der Jaroslavler Mushiks wurden sprichwörtlich. Die hiesigen Männer waren durch Stattlichkeit, Nüchternheit, Arbeitsamkeit und Sparsamkeit, die Frauen durch Schönheit bekannt.

Christi-Verklärungs-Kloster

Blick auf den Kotorosl, einen Nebenfluss der Wolga

Klosterglocken

Christi-Verklärungs-Kloster vom Kotorosl gesehen

1722 wurde in Jaroslavl eine große Textilfabrik eröffnet, und seitdem erlebte hier die Textilindustrie eine stürmische Entwicklung. 1750 gründete hier Fedor Volkov das erste dramatische Theater in Russland. Auch Russlands erste Provinzzeitung erschien in Jaroslavl (1786). Im Jahre 1870 verband die Eisenbahn Jaroslavl mit Moskau.

1918 entbrannte der berühmte Jaroslavler Aufstand: Die Stadt leistete der Roten Armee erbitterten Widerstand. Während des Zweiten Weltkrieges wurden in Jaroslavl Flüchtlinge aus dem belagerten Leningrad aufgenommen. 1963 unternahm die Jaroslavlerin Valentina Tereškova als erste Frau der Welt einen Raumflug mit dem Raumschiff »Wostok 6«.

Jaroslavl ist auch durch seine zahlreichen Baudenkmäler aus dem 17. Jahrhundert, vor allem die Eliaskirche (1647–1650), die St.-Nikolaus-Kirche (»Nikola Nadein«, 1621–1622) und die Christi-Geburt-Kirche (1644), berühmt. Diese Kirchen wurden von den talentierten Jaroslavler Künstlern ausgemalt. Gearbeitet wurde nur in der warmen Jahreszeit, deswegen schufen sie monumentale Kompositionen gewöhnlich innerhalb einer Saison. Das kulturelle und geistige Zentrum der Stadt blieb lange Zeit das Spaso-Preobraženskij (Christi-Verklärungs-)-Kloster. Auf dem Klostergelände sind einzigartige Architektur- und Kunstdenkmäler aus dem 16. und 17. Jahrhundert erhalten. Den Mittelpunkt der Gesamtkomposition des Klosters bildet die Christi-Verklärung-Kathedrale, das älteste Bauwerk der Stadt, dessen »Biographie« beinahe acht Jahrhunderte umfasst. Gerade darin wurde das Manuskript des »Igorliedes«, eines altrussischen heroischen Epos aus dem 12.–13 Jahrhundert über den erfolglosen Feldzug des Fürsten Igor von Novgorod-Seversk gegen die Polowzer, entdeckt.

Kapelle des Heiligen Aleksandr Nevskij

Eliaskirche auf dem Hauptplatz

Fresken in der Eliaskirche. Sie wurden nie restauriert, sondern nur gewaschen

→

Erzeugnisse der einheimischen Handwerker: handbemalte Platten, Puppen, Schals, Strickmützen, Bilder u.a.m.

JAROSLAVL

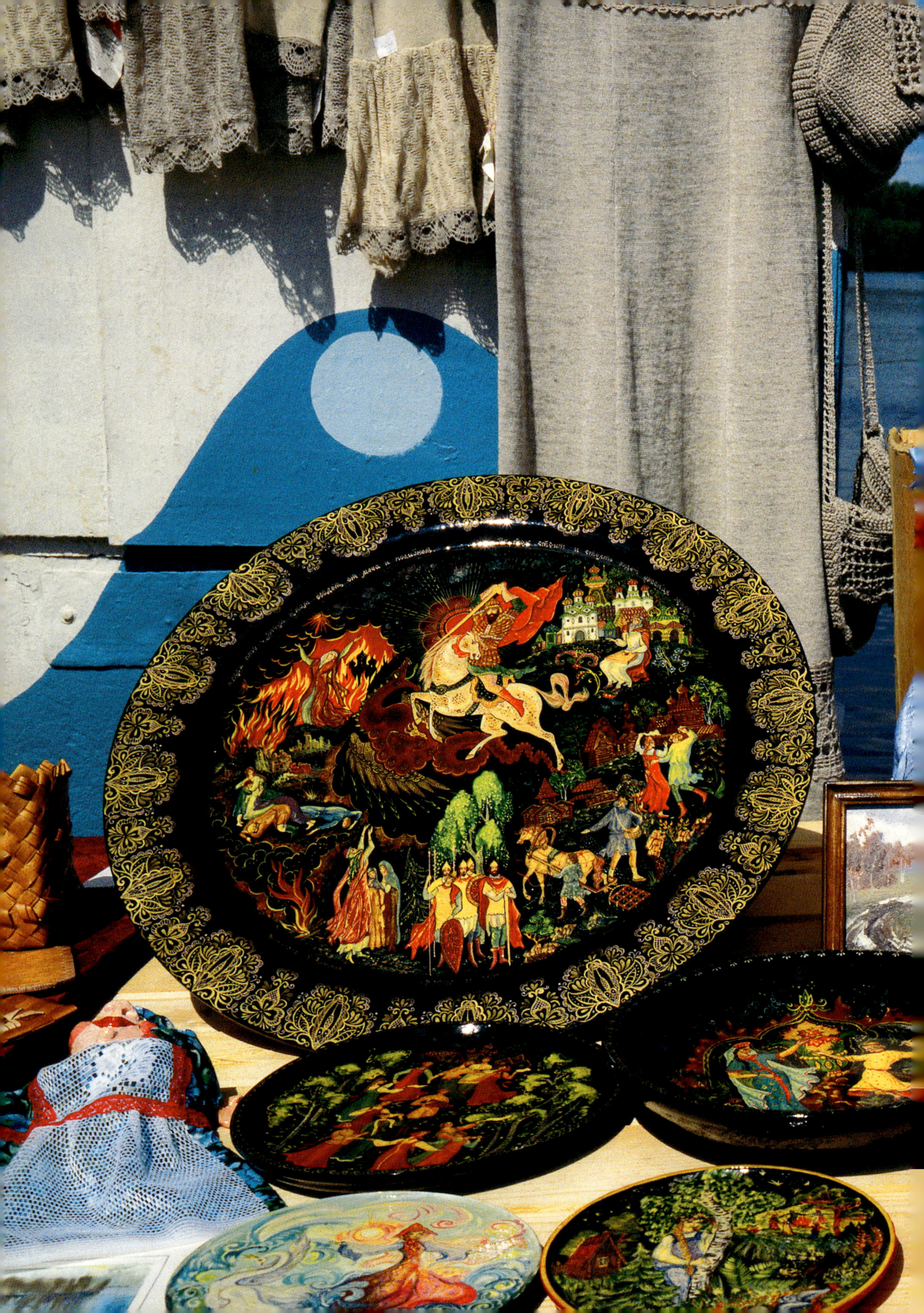

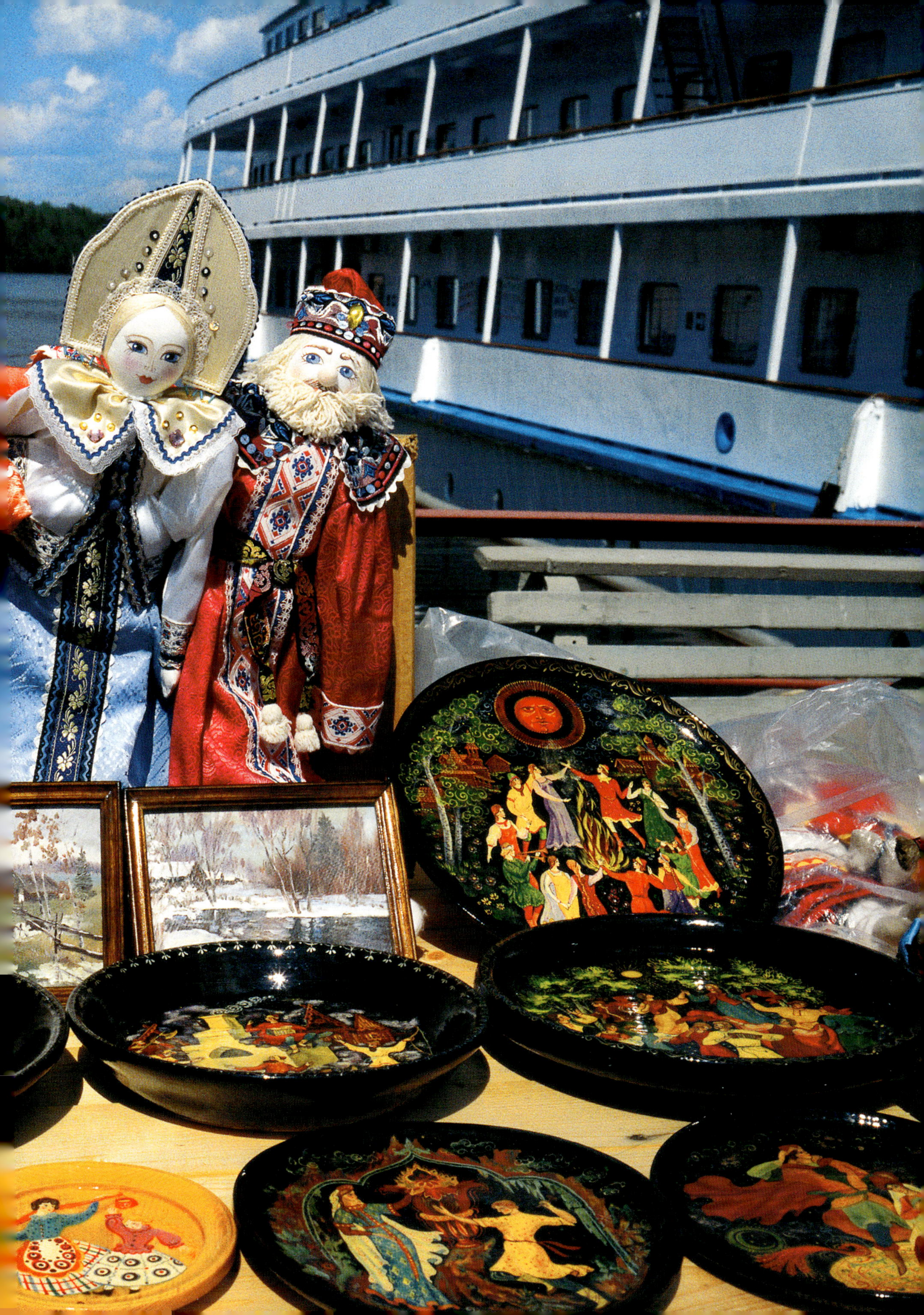

Kostroma

Die Gebietshauptstadt Kostroma (286.000 Einwohner) ist an der Mündung des gleichnamigen Flusses in die Wolga gelegen. In der Stadt gibt es ein Baggerwerk, eine Werft, Schuhfabriken, Holzverarbeitungs- und Lebensmittelindustriebetriebe. Viele davon arbeiten für den Export. Kostroma ist überdies ein altes Textilindustriezentrum, es wird sogar »Leinenmetropole« genannt. Durch die unzähligen Schiffssegel, die aus dem Kostroma-Leinen genäht wurden, fühlte sich die Stadt seit alters her mit dem Meer und der Flotte verbunden.

In Kostroma gibt es mehrere Fachschulen, eine pädagogische Hochschule, das Institut für Textilindustrie und das Institut für Landwirtschaft, zwei Theater, eine Bildergalerie und ein Landeskundemuseum. Der Tourismus spielt eine bedeutende Rolle im Leben der Stadt: Sie wird jährlich von 700.000 Touristen besucht.

Die erste urkundliche Erwähnung Kostromas fällt in das Jahr 1214. 1238 brannten die Mongolen die Stadt nieder, jedoch wurde sie bald wiederaufgebaut und entwickelte sich zu einem wichtigen Wolga-Hafen und zum Zentrum des Vladimirer Fürstentums. Berühmt ist Kostroma vor allem durch das Ipatij-Kloster, in dem 1613 der erste Zar der Romanov-Dynastie, Michail Fedorovič, gekrönt wurde. Die Zeit der Wirren ging somit zu Ende, und in die russischen Lande kehrten bald wieder Ruhe und Ordnung ein. In dieser Zeit blühte Kostroma auf. Es wurde neben Moskau und Jaroslavl eine der drei bedeutendsten Handelsstädte Russlands. Die Kostromaer Bauern galten immer als gescheit und unternehmungslustig. Sie wussten viel dank ihrer weiten Geschäftsreisen durch ganz Russland. Die großartigen Fresken in den Kirchen

Dreifaltigkeits-Kathedrale des Ipatij-Klosters

Hauptplatz. Feuerwehrturm. Von hier aus führen die Straßen strahlenförmig in Richtung Wolga. Links ist der Markt

Handelsreihen – Gostinyj Dvor des alten Kostroma

→
Ipatij-Kloster am Kostroma-Ufer

KOSTROMA | 77

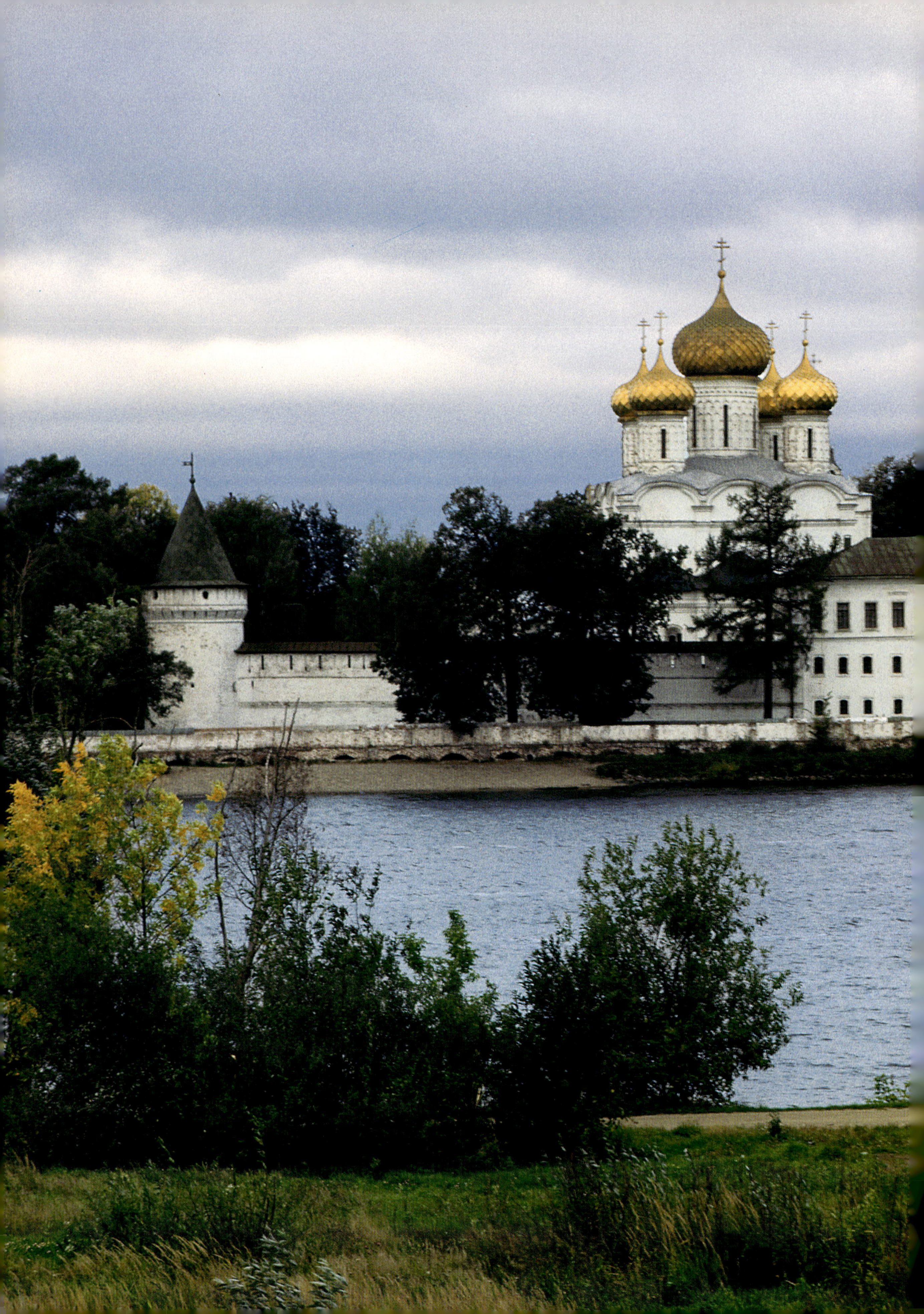

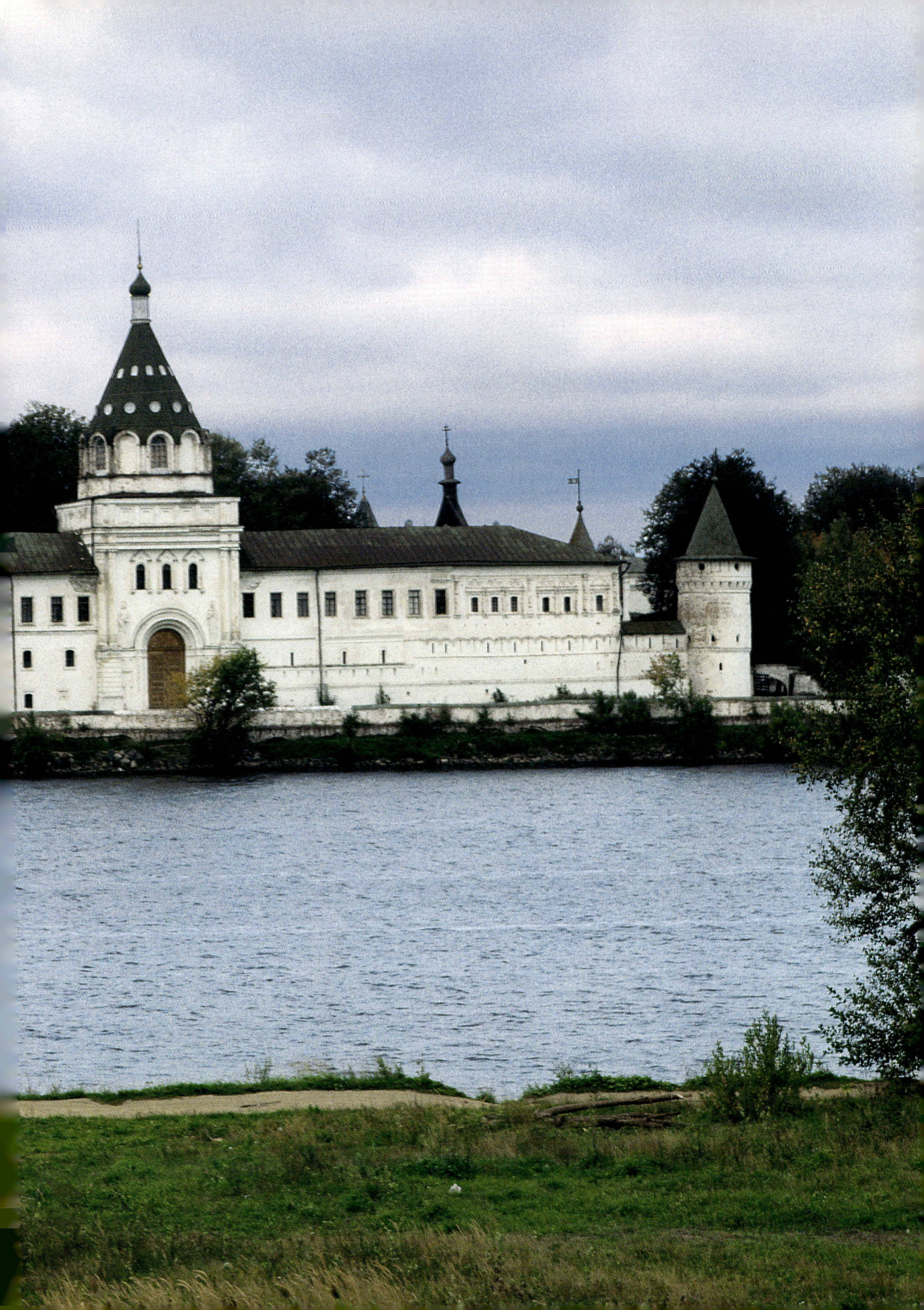

Kostromas erinnern an den einstigen Ruhm und Wohlstand. 1773 vernichtete eine schreckliche Feuersbrunst den größten Teil der Stadt. Erst ein Vierteljahrhundert später wurde der Stadtkern wiederhergestellt.

Während der Aufbauarbeiten nach dem Brand von 1773 gaben zwei Petersburger Architekten, die damit beauftragt waren, Kostroma einige Züge im Stadtbild, die an die strenge Planung der nördlichen Metropole erinnern: Die Straßen gehen vom Hauptplatz strahlenförmig aus. Eines der bemerkenswertesten Bauwerke ist der Gostinyj Dvor (Kaufhof).

Sechs Kilometer vom Stadtzentrum entfernt, am Flussufer, sind die majestätischen Mauern des Ipatij-Klosters mit den darüber ragenden vergoldeten Kuppeln der Kathedrale zu sehen. Das ist wohl das interessanteste Ziel für die Touristen. Die restaurierten Bauten des Klosters bergen interessante Museumssammlungen und Ausstellungen.

Das Ipatij-Kloster wurde 1332 von einem Ahnen des Zaren Boris Godunov, einem tatarischen Murza (Würdenträger), gegründet, der zum christlichen Glauben übertrat. Auf dem Klostergelände kann man heute noch Gräber von Angehörigen dieser Familie sehen. Die Godunovs schenkten diesem Kloster große Aufmerksamkeit; während der Regierungszeit Boris Godunovs (1598–1605) wurde es zum reichsten Kloster Russlands. Nach dessen Tod verbarg sich darin der spätere Zar Michail Romanov mit seiner Mutter, der Nonne Marfa. Nachdem die Polen aus Moskau vertrieben worden waren, wählte der Zemskij Sobor Michail Fedorovič Romanov zum Zaren. Am 4. März 1613 umringte eine große Menschenmenge das Kloster und flehte den jungen Michail kniend an, den Thron zu besteigen. Dieser erbat sich den Segen seiner Mutter und willigte ein.

Der Überlieferung nach bot sich der Kostromaer Bauer Ivan Susanin an, den

Im Freilichtmuseum der Holzbaukunst

Palast des Zaren Fedor Michajlovič

Im Freilichtmuseum der Holzbaukunst. Diese Kirche wurde vom überschwemmten Land in das Ipatij-Kloster überführt

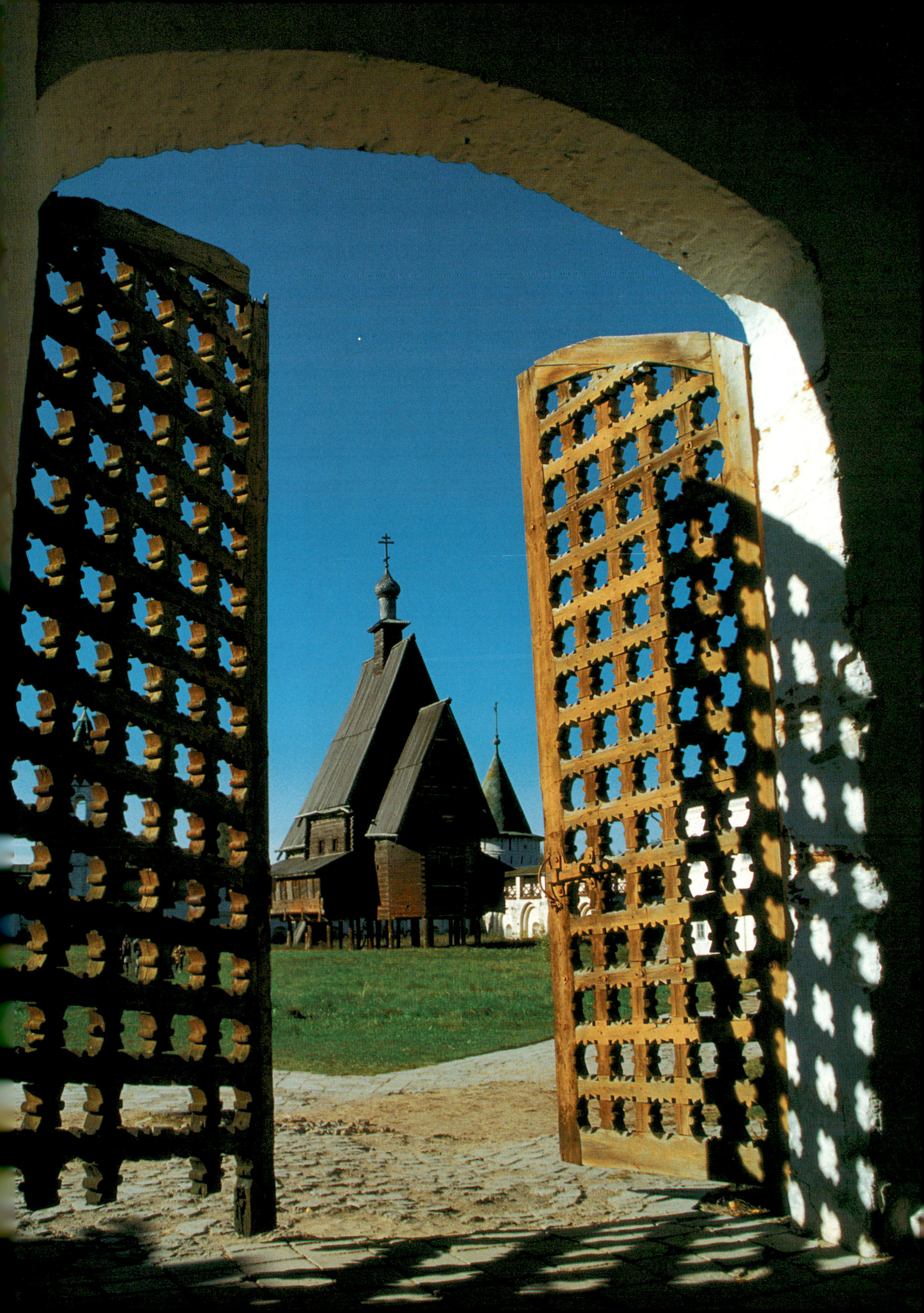

Polen den Ort zu zeigen, wo sich der junge Zar verborgen hielt, führte die Feinde aber in die Irre und wurde von ihnen ermordet. Diese Geschichte legte Michail Glinka 1836 seiner Oper »Ivan Susanin« zugrunde (auch »Das Leben für den Zaren« genannt), einer der besten und berühmtesten russischen Opern. Eine gleichnamige Oper zum selben Thema komponierte allerdings noch vor Glinka, im Jahre 1815 der weniger bekannte Komponist Katherino Kavos.

Die Romanovs kümmerten sich schon immer um das Ipatij-Kloster, das auch nach Godunovs Verschwinden von der historischen Bühne florierte. Sie verehrten es als ein Familienheiligtum. Jeder neue Monarch hielt es bei der Thronbesteigung für seine Pflicht, Kostroma zu besuchen. Während der Festlichkeiten anlässlich der 300-Jahr-Feier des Hauses Romanov im Jahre 1913 reiste Nikolaus II. extra nach Kostroma und wohnte einige Tage in einem Holzhaus im russischen Stil vor den Mauern des Klosters.

Heute gibt es im Kloster unter anderem ein Freilichtmuseum für Holzbaukunst. Inmitten von malerischen Bächen und kleinen Hainen stehen viele alte Holzbauten – kleine Kirchen, Dreschtennen, Ställe, Bauernhütten, Getreidespeicher u.ä. –, die aus den Nachbardörfern hierher gebracht wurden.

Im Erzpriesterhaus befindet sich eine interessante Ausstellung, die das Leben des letzten Zaren, Nikolaus II., und seiner Familie veranschaulicht.

Nach Kostroma dreht unser Schiff nach Norden und nimmt Kurs auf Moskau.

Christi-Auferstehungs-Kirche »na Debrje«

Laube über der Wolga

Kostroma. Dreifaltigkeits-Kathedrale

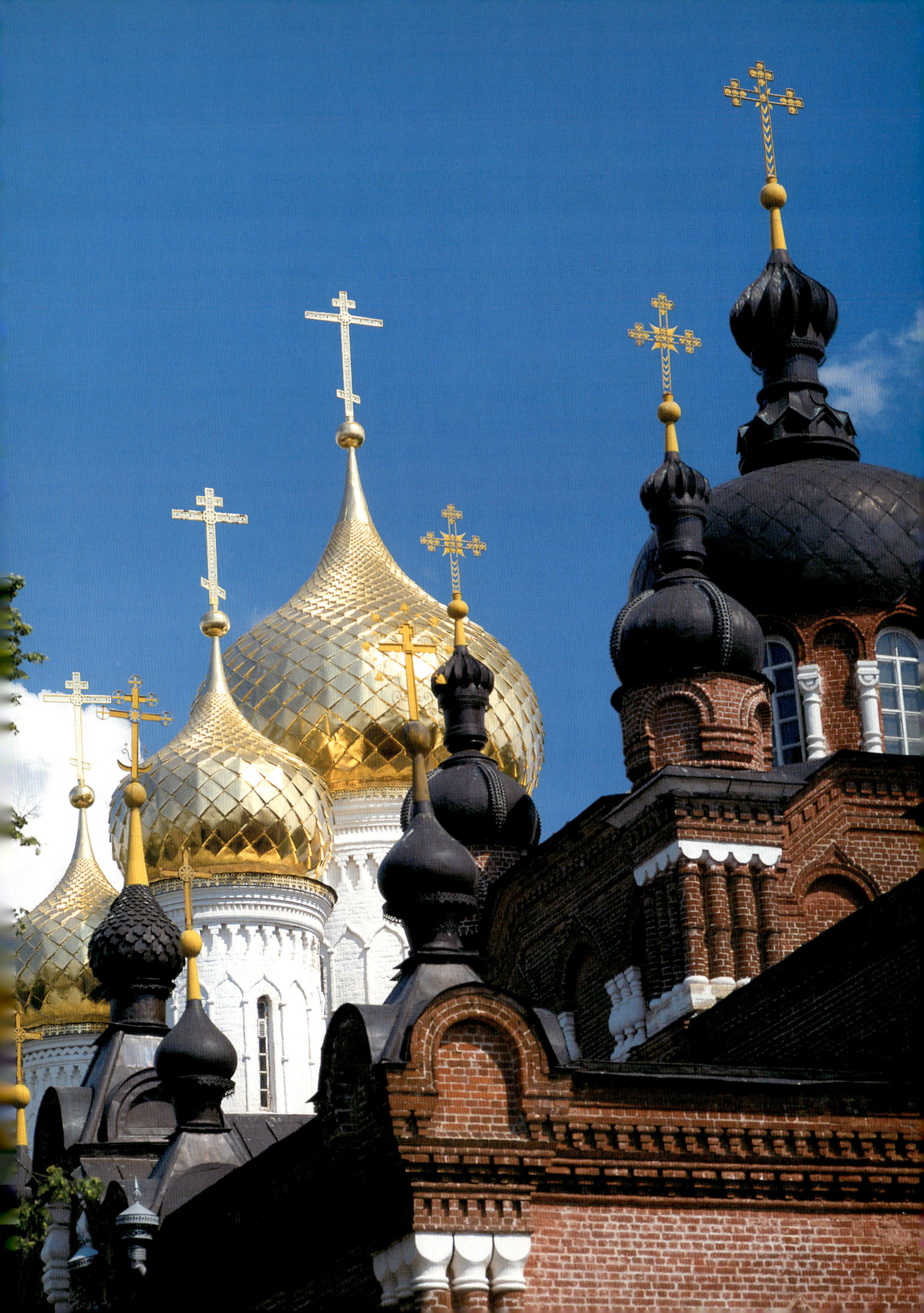

Tutajev (ursprünglich Romanov) ist eine kleine Stadt (45.000 Einwohner) im Jaroslavl-Gebiet, ein Hafen und Eisenbahnknotenpunkt. In der Stadt gibt es eine Textilfabrik, eine Fabrik für Baustoffe und eine Schafpelzfabrik. In ganz Russland ist die hier im 19. Jahrhundert gezüchtete Romanovskaja-Schafrasse berühmt. Diese Schafe haben gutes, dickes Fell, das sich besonders für die Herstellung von warmen, leichten und tragfesten Pelzmänteln geeignet ist. Einst war Tutajev auch durch besonders schnelle Schiffe, »Romanov-Schiffe« bekannt.

Die Stadt wurde nicht später als 1283 von dem in der Folgezeit heilig gesprochenen Ugličer Fürsten Roman Vladimirovič gegründet. Dieser Fürst legte großen Wert auf Bau- und Wohltätigkeit. Auf seine Initiative wurden 15 Kirchen gebaut. Es besteht aber die Meinung, dass Tutajev seinen ursprünglichen Namen nicht ihm, sondern einem anderen Ugličer Fürsten, Roman Vasiljevič, verdanke, der hier 1345 eine Festung errichten ließ. Wie dem auch sei, die Stadt entstand und entwickelte sich dank der Bemühungen von Teilfürsten des Jaroslavler Fürstentums.

1777 wurde Romanov mit Borisoglebsk vereinigt und 1822 in Romanov-Borisoglebsk umbenannt. Seit 1921 trägt die Stadt den Namen eines Rotarmisten, der sich im Bürgerkrieg von 1918–1922 ausgezeichnet hatte.

Tutajev (Romanov-Borisoglebsk). Blick auf die Romanov-Seite

Am Wolga-Ufer

Kazaner-Kirche

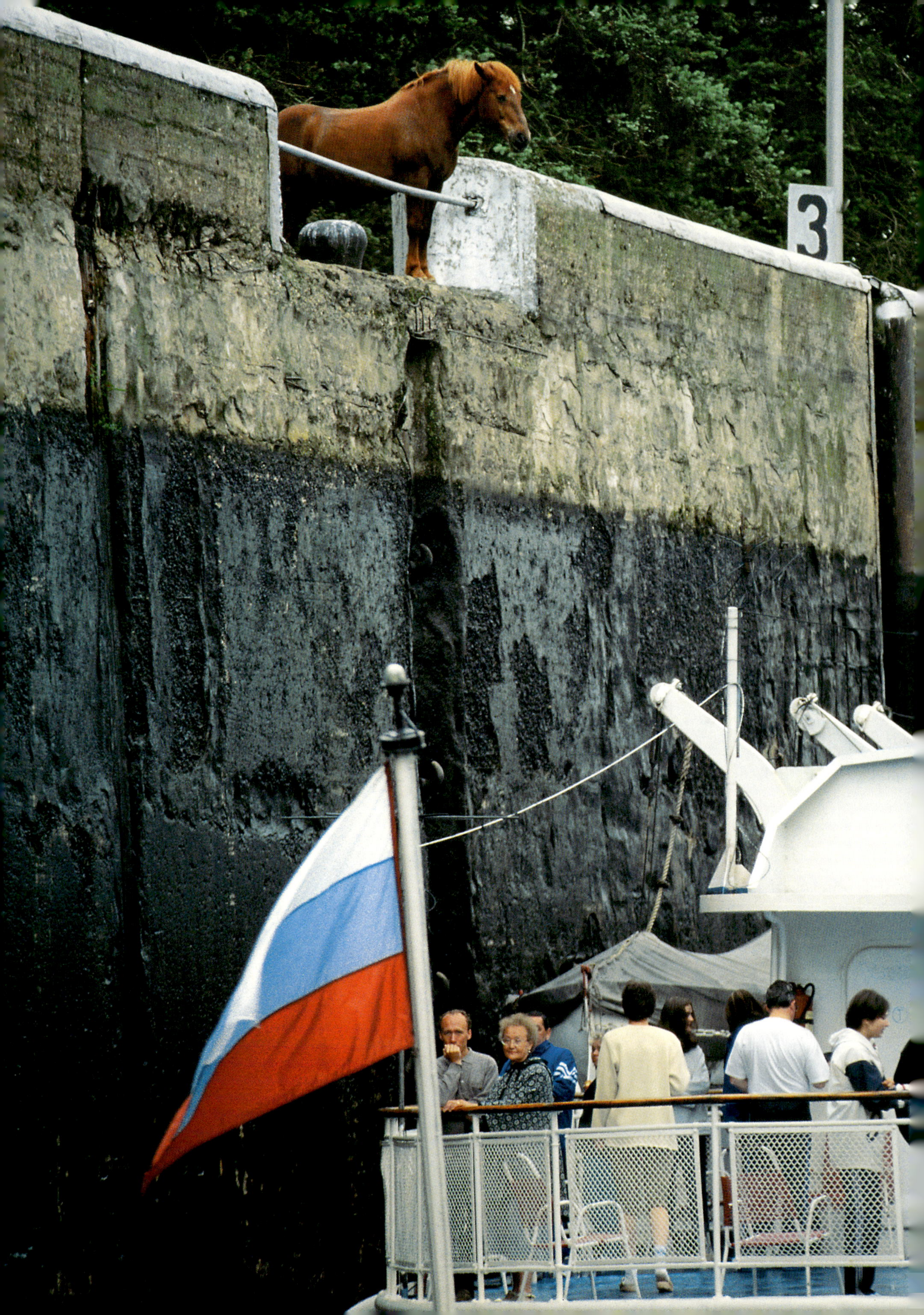
3

Der Uglič-Stausee, deren Fläche 249 Quadratkilometer beträgt, entstand 1939–1941 durch den Staudamm des hiesigen Wasserkraftwerks. Er versorgt Uglič und dessen Umgebung mit Wasser und stellt zugleich ein Fischfanggebiet dar. Südlich und nördlich von Uglič liegen zwei alte Städte: Kaljazin und Myškin. Myškin wurde Ende des 15. Jahrhunderts gegründet und nach seinem Gründer, einem der Erbauer der Mariä-Entschlafen-Kathedrale in Moskau, benannt. 1877 erhielt es den Status einer Kreisstadt. Heute zählt Myškin nur 6.500 Einwohner. Eine Sehenswürdigkeit und eine Art Visitenkarte[6] ist das einzigartige Museum der Mäuse, in dem Ausstellungsgegenstände aus aller Welt zu sehen sind. Mausdarstellungen begegnet man in Myškin auf Schritt und Tritt: im Design von verschiedenen Alltagsgegenständen, in Kunstwerken, Spielsachen etc. Doch die Hauptsehenswürdigkeit der Stadt sind die St.-Nikolaus-Kathedrale (1766) und die Mariä-Entschlafen-Kathedrale (1820). Es gibt überdies ein Freilichtmuseum für Holzbaukunst mit 16 Holzbauwerken – Wohnhäusern, Speichern, Schmieden, Banjas usw. –, eine alte, vor über einhundert Jahren eröffnete Bibliothek und eine Bildergalerie.

Dieses Pferd begrüßt alle Schiffe am Pier und läßt sich von den Reisenden mit Brot füttern

Ein Schiff passiert die Uglič-Schleuse

Uglič-Schleuse trotzt der Wassergewalt

Uglič-Schleuse. Die Kammer wird mit Wasser gefüllt, das Schiff wird gehoben, dann öffnet sich das Tor, und das Schiff fährt weiter

KALJAZIN

Das am rechtem Wolga-Ufer gelegene Kaljazin wurde im 12. Jahrhundert an der Mündung der Žabna in die Wolga gegründet. Die Siedlung, an deren Stelle die Stadt entstand, war seit dem 12. Jahrhundert bekannt. Genauere und ausführlichere Informationen darüber stammen aus dem 15. Jahrhundert, als hier, auf dem Land eines Kaljaga, dessen Namen die Stadt heute trägt, 1473 das Kaljazinskij-Dreifaltigkeits-(Makarjev-)-Kloster gegründet wurde. Ivan der Schreckliche besuchte dieses Kloster mehrmals und schenkte ihm ein Evangeliar, das man heute im Museum von Kaljazin sehen kann. 1630 wurde hier eine Festung gebaut. Ende des 17. Jahrhunderts unternahm der junge Peter der Große mit seinen »Spieltruppen«, als eine Art Truppenübung, Feldzüge nach Kaljazin. Unter Katharina II. erhielt Kaljazin 1775 den Status einer Stadt und ein eigenes Wappen. Vor der Revolution von 1917 waren die Kaljaziner handgearbeiteten Spitzen in ganz Russland ein Begriff.

1937–1940 wurde der Großteil der Stadt im Zusammenhang mit der Errichtung des Uglič-Wasserkraftwerks überschwemmt, und auf den Anhöhen entstanden neue, moderne Stadtviertel. Zur Zeit hat Kaljazin nur 15.000 Einwohner und ist durch seine Filzstiefelfabrik und Leinenerzeugnisse bekannt. Wir kommen noch bei der Rückfahrt am gegenüberliegenden Wolgaufer auf Kaljazins Geschichte zurück.

Herzlich willkommen! Nach dem alten russischen Brauch werden Gäste mit Brot und Salz begrüßt

Die Welt geht nicht unter, solange Lieder gesungen werden

Ausfahrt aus der Uglič-Schleuse

Motorboote am Kanalufer

Warten

Unter Segel

Ein Winkel in Uglič

KALJAZIN | 89

Uglič

Dort, wo sich heute die Uglič-Schleuse befindet, wurden bei den archäologischen Grabungen arabische Silbermünzen aus dem 6.–9. Jahrundert gefunden. Das zeugt davon, dass es hier schon im Altertum einen Hafen gab, der als Umschlagplatz für die Kaufleute aus dem Orient, den slawischen und skandinavischen Ländern diente.

Uglič ist eine Stadt im Gebiet Jaroslavl, ein Anlegeplatz und Eisenbahnknotenpunkt. Es gibt hier eine Uhrenfabrik, ein Maschinenreparaturwerk, einige Lebensmittelindustriebetriebe, darunter eine Käserei; erwähnenswert ist auch das Kunsthistorische Museum. Die Bevölkerung beträgt 39.000 Einwohner.

Der Name der Stadt erklärt sich aller Wahrscheinlichkeit nach dadurch, dass die Wolga hier einen Knick[7] macht. Gegründet wurde Uglič 937, jedoch stammt die erste urkundliche Erwähnung der Stadt aus dem Jahr 1148. Der Überlieferung nach bestand sie bereits unter Olga, der Witwe des Kiewer Großfürsten Igor. 1218 war Uglič Hauptstadt des gleichnamigen Teilfürstentums. 1238 und 1293 wurde es von Mongolen erobert. Beim letzten Überfall richteten die Mongolen ein schreckliches Bludbad an und brannten die Stadt nieder. Die überlebenden Einwohner gerieten in Sklaverei oder flüchteten in die Wälder. Im 14. Jahrhundert, als Moskau begann die russischen Lande zu vereinigen, kam Uglič zum Moskauer Fürstentum, wurde aber 1371 vom Tverer Fürsten niedergebrannt, der mit Moskau rivalisierte. Im 15. Jahrhundert blühte die Stadt auf, sie prägte sogar ihre eigenen Münzen.

Nach dem Tod Ivans des Schrecklichen wurden hierher dessen Frau mit ihrem Sohn, Zarewitsch Dmitrij, der 1591 im Alter von acht Jahren tragisch ums Leben kam, verbannt. Der geheimnisvolle

Christi-Verklärungs-Kathedrale

Aleksejevskij-Kloster.
Der Einfluss der westeuropäischen
Baukunst ist hier deutlich zu sehen

Christi-Verklärungs-Kathedrale. Innenansicht

Gottesdienst

→
Dmitrij-Kirche »auf dem Blut«

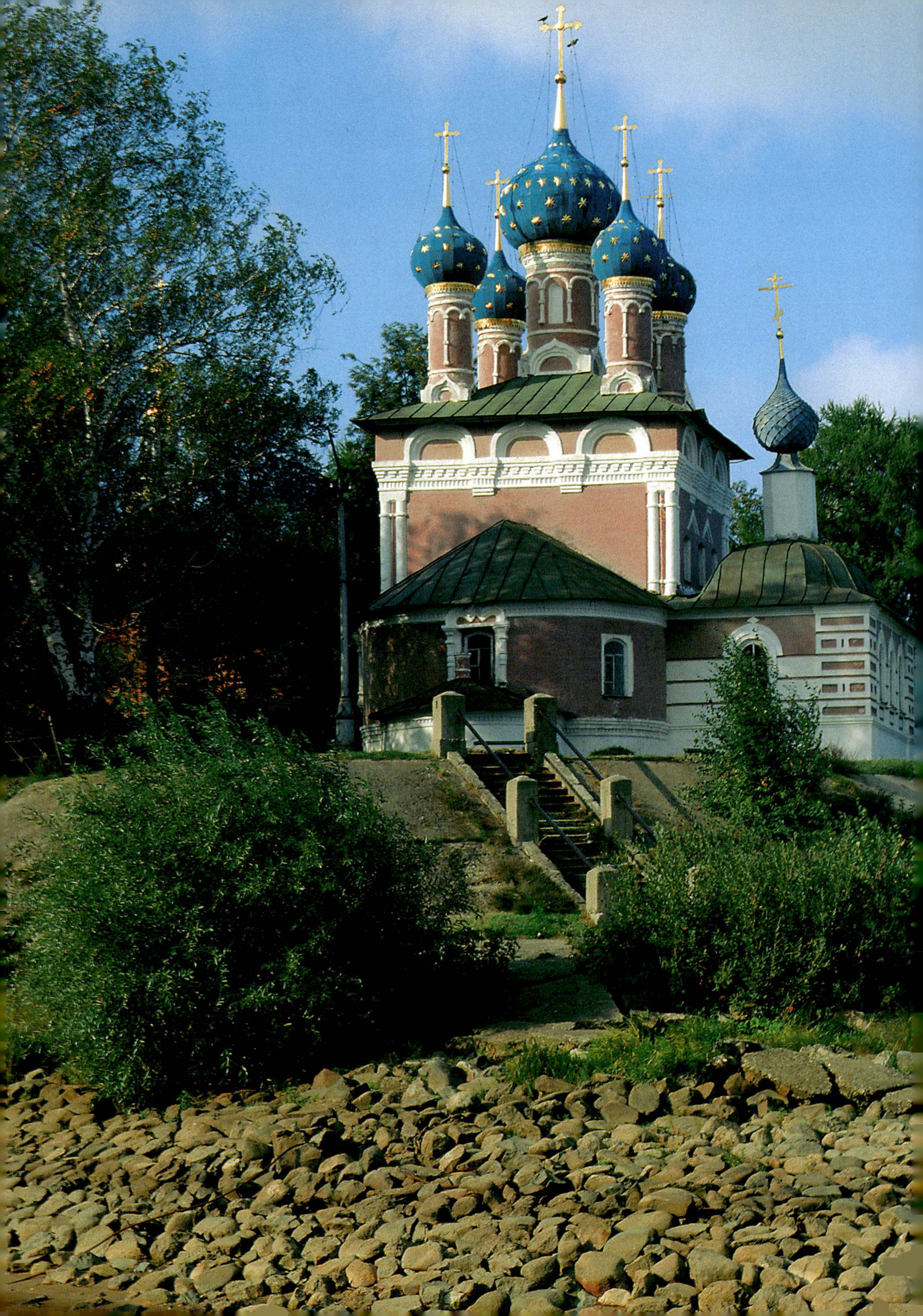

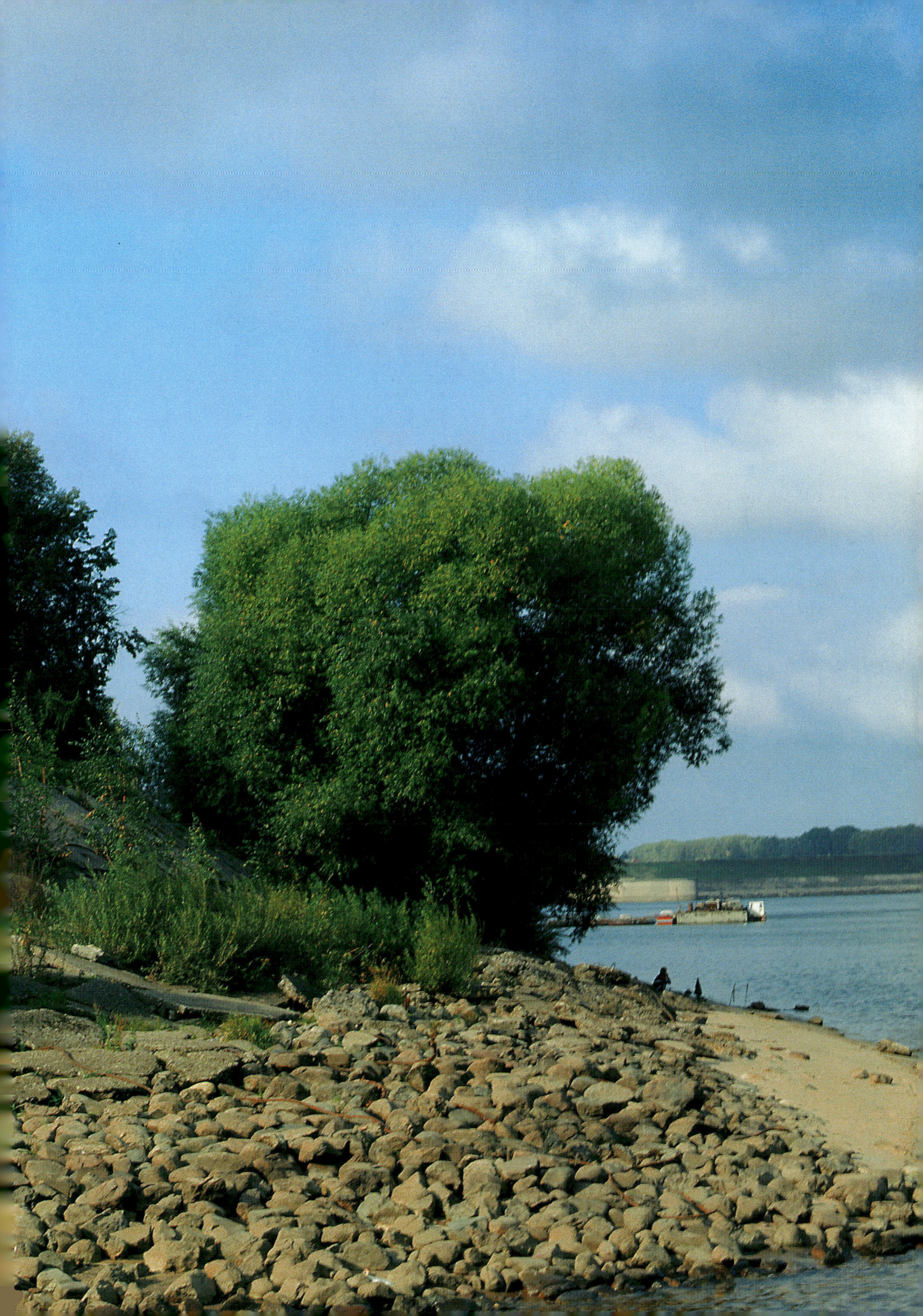

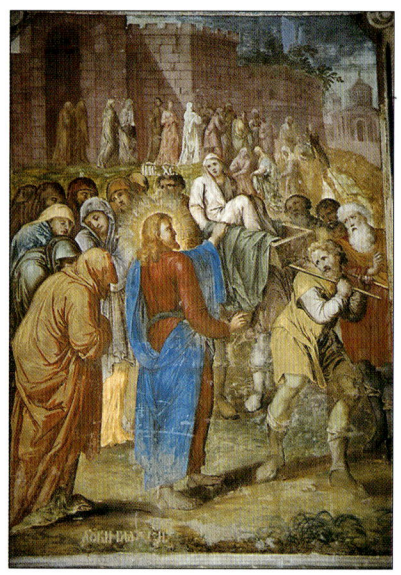

Tod des letzten Abkömmlings der Rurikiden (er starb unter ungeklärten Umständen: entweder während eines epileptischen Anfalls verunglückt oder auf Befehl von Boris Godunov ermordet) war ein schicksalsschweres Ereignis, das blutige Fürstenfehden und schließlich eine ausländische Intervention zur Folge hatte. 1606 wurde der Zarewitsch heilig gesprochen und seine sterblichen Überreste in die Erzengel-Kathedrale in Moskau überführt.

1611 wurde Uglič von den Polen unter Jan Sapega erobert, zerstört und ausgeplündert. Ein Chronist beschrieb ausführlich diese Tragödie: Aus seinem Bericht geht hervor, dass die Polen nicht nur die Stadt, sondern auch zehn Männer- und zwei Frauenklöster in der Umgebung

Fresken in der Christi-Verklärungs-Kathedrale

Dmitrij-Kirche »auf dem Blut«. Innenansicht

Glocke, die nach dem Tod des Zarewitsch Dmitrij öffentlich ausgepeitscht und nach Sibirien »verbannt« wurde, weil sie als erste vom »Mord« verkündet hatte (1847 zurückgeholt)

94 | UGLIČ

zerstört und insgesamt 40.000 Menschen bestialisch ermordet – niedergesäbelt, verbrannt, erhängt und ertränkt – hätten.

Nach diesem Schicksalsschlag erholte sich Uglič nur sehr langsam, zumal dieser Prozess noch durch innenpolitische Ereignisse aufgehalten wurde: Peter der Große verbot es beispielsweise in ganz Russland zeitweilig, in Stein zu bauen, um die Bauarbeiten in St. Petersburg zu beschleunigen, außerdem befahl er auch, Kirchenglocken in Uglič, wie auch in anderen Städten, abzunehmen und daraus Kanonen für den Krieg gegen die Schweden zu gießen.

Unter Katharina II. entwickelte sich die Stadt schnell. Ihr Leben im 19. Jahrhundert stand im Zeichen der friedlichen Arbeit und provinziellen Gemächlichkeit. In dieser glücklichen Periode wurden das Kunsthistorische Museum, eine Bibliothek und ein Theater eröffnet. 1844 kam die von einem einheimischen Gelehrten geschriebene »Geschichte Uglič's« heraus. In den 90er Jahren wurde der 1462 errichtete Palast des Zarewitsch Dmitrij restauriert und in ein Museum umgewandelt.

Die Oktoberrevolution von 1917 führte zu einigen wesentlichen Veränderungen im Leben der stillen, bescheidenen Stadt. Während der Errichtung des Ugličer hydrotechnischen Baukomplexes in der zweiten Hälfte der 30er Jahre erlitt sie schweren Schaden: Das Mariä-Schutzmantel-Kloster, eine der Hauptsehenswürdigkeiten der Stadt, und andere Baudenkmäler aus dem 15., 16. und 17. Jahrhundert wurden gesprengt und überschwemmt. An der Stelle des Klosters, im Südwesten Uglič's, erhebt sich heute der gigantische Bau des zentralen Wasserkraftwerks.

Seit 1952 arbeitet in der Stadt eine Gruppe von Restauratoren, die es sich zur Aufgabe machten, die weitere Vernichtung von Baudenkmälern zu verhindern. Vor kurzem arbeiteten die Stadtbehörden einen neuen städtebaulichen Plan aus, in dem die Grenzen des unter Denkmalschutz stehenden historischen Zentrums festgelegt sind.

Fürstenpalast

Aleksejevskij-Kloster

In Uglič sind ein Teil des Fürstenpalastes (Ende des 15. Jh.), die Mariä-Entschlafen-Kirche und das Bauensemble des Christi-Auferstehungs-Klosters (17. Jh.) erhalten. Die Touristen können die Dmitrij-Kirche »auf dem Blut«, die Mariä-Schutzmantel-Kirche, den Fürsten-Terem-Palast[8] und a.m. besichtigen. Der Ugličer Kreml blieb leider nicht erhalten; an der Stelle der einstigen Festungsmauern stehen heute jahrhundertealte Lindenbäume. Unter Ivan dem Schrecklichen wurden die Holzmauern des Uglicer Kreml auseinandergenommen und auf der Wolga zur belagerten tatarischen Hauptstadt, Kazan, geflößt, wo aus ihnen im Laufe eines Monats fahrbare Belagerungstürme gebaut wurden, die eine wichtige Rolle bei der Erstürmung der feindlichen Festung spielten.

Ende der 1990er Jahre brachte die Stadtverwaltung eine Uhrenproduktion, die Käserei und den Touristenservice in Gang und versucht nun, die Stadt in die »russiche Schweiz« zu verwandeln.

Am 1. Juni, dem Internationalen Tag des Kinderschutzes, wird in Uglič auch des Zarewitsch Dmitrij gedacht. Diese humanitäre Aktion hilft bei der Erziehung der Jugend und erinnert an die Probleme der Kindheit und Mutterschaft.

Wodka-Museum in Mandroga

Wodka-Museum in Uglič

»Russische Bauernhütte«, Degustationssaal im Uglicer Wodka-Museum

Einladung zum Degustieren

Geräte zur Destillation des Wodka

Die besten Wodkasorten, preisgekrönt auf internationalen Ausstellungen

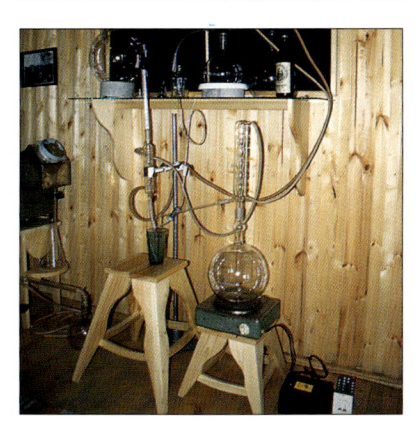

Only vodka from Russia – is genuine Russian vodka!

WODKA-MUSEUM | 97

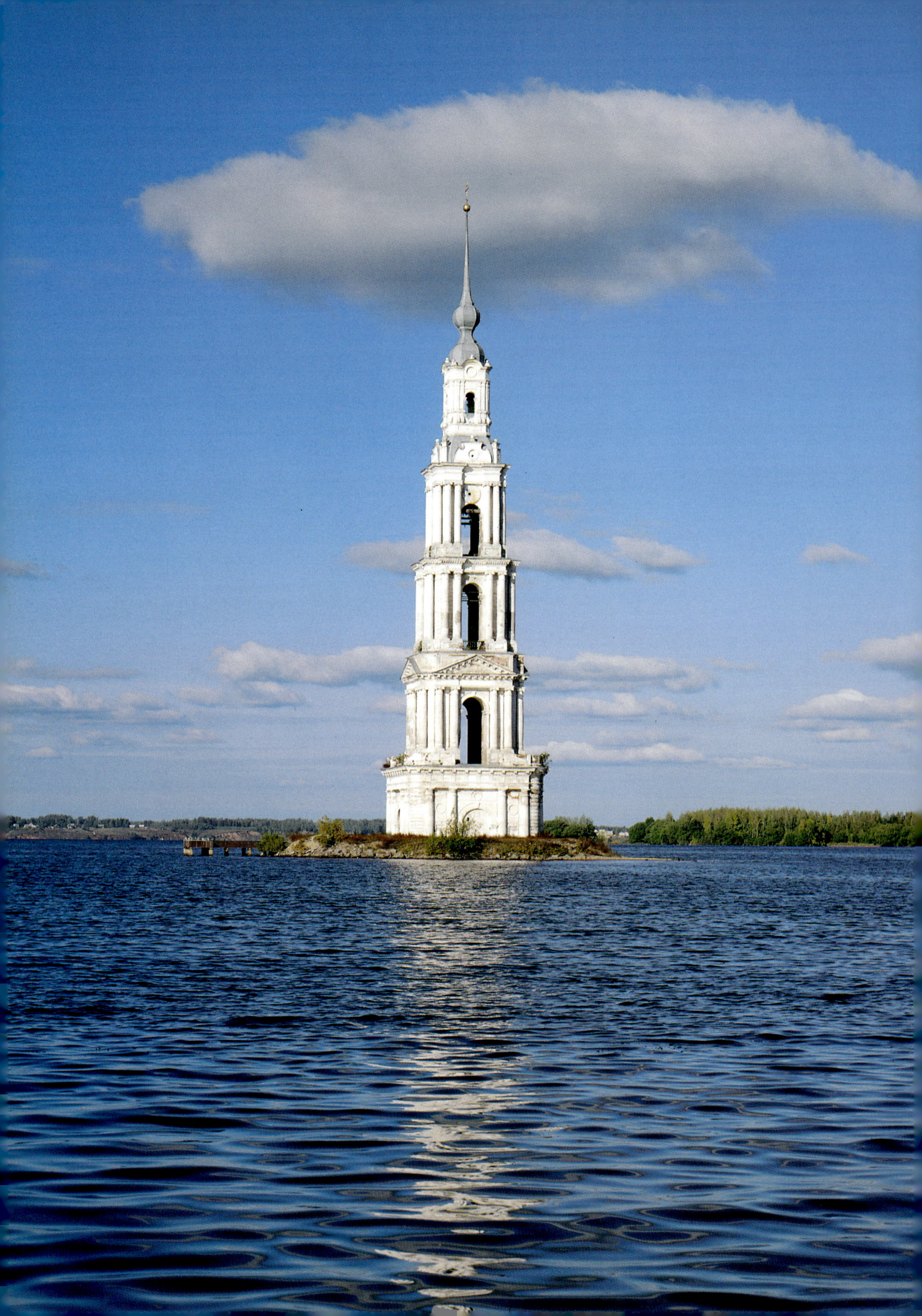

Schauen wir uns Kaljazin vom gegenüberliegenden Ufer an. Unterhalb des Kašinka-Flusses biegt die Wolga nach rechts ab, und am gegenüberliegenden Ufer bietet sich uns ein einzigartiges Bild: Aus den Tiefen der Wolga, unweit der modernen Stadt, ragt einsam und traurig der zur Hälfte im Wasser stehende Glockenturm der ehemaligen St.-Nikolaus-Kathedrale (Nikola-na-Žabnje), die 1800 errichtet wurde. Einst stand die Kathedrale auf einem belebten Platz einer gemütlichen alten Stadt; die lichten Straßen mit kleinen zweistöckigen Wohnhäusern inmitten von blühenden Gärten führten zum Markt, dem für die russischen Städte üblichen Gostinyj Dvor. Hier in der Kaljazinskaja Sloboda (Siedlung) herrschte reges Leben. Die Einwohner arbeiteten in ihren Gemüsegärten, betrieben Gewerbe, schusterten oder fertigten Filzstiefel an. 1755 erhielt die Sloboda den Status einer Kreisstadt, und in der zweiten Hälfte des 19. Jahrhunderts gab es hier bereits eine Weberei, Betriebe zur Verarbeitung von Landwirtschaftsprodukten und eine Werft, sehr entwickelt war das Schmiedehandwerk. Die Männer beschäftigten sich mit Flößerei, die Frauen mit Spinnerei und Weberei, klöppelten und häkelten Spitzen. Die Stadt war reich. Jährlich wurden in Kaljazin ca. 800.000 Pud[9] verschiedener Waren auf die Lastkähne geladen und über 1 Million Pud – hauptsächlich Mehl, Weizen und Roggen, Mehlstärke und Salz – abgeladen.

Der Großteil der Stadt wurde 1940 beim Bau des Uglièer Stausees überschwemmt. Der Wasserstand stieg im Bereich von 50 Kilometern flussaufwärts um 12 Meter. Unter dem Wasser verschwand auch das Dreifaltigkeits-Kloster. Erhalten blieben nur Bauten auf den Hügeln: Holz- und Steinhäuser aus dem 18. und 19. Jahrhundert und die Christi-Himmelfahrt-Kirche (1787).

Kaljazin. Glockenturm der St.-Nikolaus-Kathedrale »na Žabnje«, die bei der Errichtung der Uglič-Schleuse überschwemmt wurde

Morgendämmerung

Windstille und niedrige

„leise schlummernde Ufer

Der 128 Kilometer lange Moskau-Kanal (ursprünglich Moskau-Wolga-Kanal) verbindet die Moskva (Chimki) mit der oberen Wolga (Ivankovo-Stausee). Nach der Errichtung der beiden Schiffahrtswege, des Wolga-Don-Kanals und des Wolga-Ostsee-Kanals, verwandelte sich die Hauptstadt der Russischen Föderation, eine ausgesprochen kontinentale Stadt, in einen Hafen der fünf Meere: des Weißen, Asovschen, Kaspischen und Schwarzen Meeres und der Ostsee.

Die Idee, die Moskva mit der Wolga zu verbinden, kam bereits im 18. Jahrhundert auf: Um den Handel zu begünstigen, wollte Peter der Große einen Schiffahrtsweg von der Ostsee über Wolga und Moskva in die Zentralregionen Russlands bauen lassen, doch konnte der Plan damals nicht verwirklicht werden. Erst im 20. Jahrhundert, als sich das Problem der Vervollkommnung des Wasserversorgungsystems der Hauptstadt stellte, kamen die Fachleute auf diesen Plan zurück.

Der Bau des Kanals begann 1932 und war nach erstaunlich kurzer Zeit, bereits 1937, abgeschlossen. In den vier Jahren und acht Monaten wurde eine titanische Arbeit geleistet: 8 Wasserkraftwerke (das größte von denen das Ivankovo-Wasserkraftwerk ist), 11 Schleusen, 5 Pumpwerke, 11 Staudämme, 19 Brücken, 2 Tunnel und viele andere Anlagen errichtet.

Der Moskau-Kanal ist nach dem Weißmeer-Ostsee-Kanal (227 km) und dem Suezkanal (161 km) der zweitlängste Kanal der Welt (der Wolga-Don-Kanal ist 101 km lang, der deutsche Nord-Ostsee-Kanal 99 km, der Panamakanal 65 km lang). Es wurde gerechnet und folgendes festgestellt: Wenn man die ganze bei der Errichtung des Moskau-Wolga-Kanals verarbeitete Erde in Eisenbahnwagen füllen wollte, dann würde der Zug so lang sein, dass er unseren Planeten fünfeinhalbmal umgürten könnte.

Der Kanal wurde fast ausschließlich von Häftlingen des GULag (Glavnoje Upravlenije Lagerej – Hauptverwaltung der Straflager) gebaut, die unter außerordentlich harten Bedingungen arbeiteten, so dass die Ausgaben für die Arbeitskräfte minimal waren. 1947 wurde dem Kanal anläßlich der 800-Jahr-Feier Moskaus und seines zehnjährigen Bestehens der Name Moskaus verliehen.

Die Bedeutung des Kanals ist groß. Nach seiner Entstehung wird Moskau hauptsächlich mit in den Aufarbeitungsanlagen gereinigtem Wolgawasser versorgt. Im Wasserverbrauch steht Moskau heute auf einem der ersten Plätze in der Welt. Außer zur Versorgung der Hauptstadt und deren Umgebung mit Wasser dient der Kanal auch als zusätzliche Speisungsquelle für den Moskva-Fluss. Auch die Schiffahrtsbedingungen wurden hier wesentlich besser. Neue Anlegesstellen sind entstanden, zum Beispiel Chimki, der Nordhafen Moskaus, und Dmitrov.

Moskau-Kanal. Passieren einer Schleuse

Moskau-Kanal. Ausfahrt aus der Dmitrov-Schleuse

Mariä-Entschlafen-Kathedrale

Die vor kurzem errichtete Kirche in Dmitrov

Moskau-Kanal. Schleuse Nr. 6

Gute Fahrt!

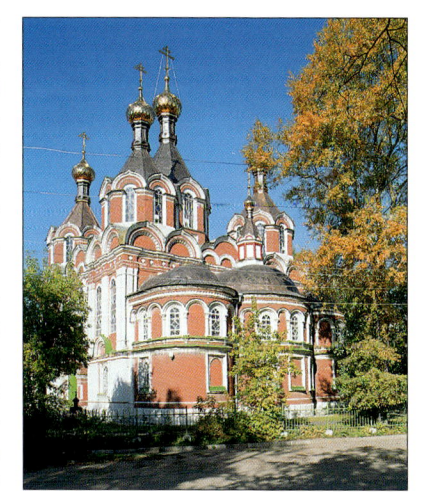

Über den Moskau-Wolga-Kanal gelangen wir in den 1937 im Chimki-Delta geschaffenen Chimkier Stausee. Seine Fläche beträgt 3,5 Kilometer, die maximale Tiefe 18 Meter. Der Chimkier Stausee liegt 36 Meter über dem Moskva-Fluss und befindet sich heute bereits innerhalb der Stadtgrenze.

Seinen Namen gab der Fluss Chimka nicht nur dem Stausee, sondern auch dem kleinen Ort bei Moskau, der früher eine Poststation auf dem Weg nach Tver und Velikij Novgorod war. Diese Gegend ist mit Leben und Werk von vielen herausragenden Persönlichkeiten Russlands verbunden: Hier erholten sich beispielsweise Pjotr Tschaikovskij, der Schriftsteller Aleksandr Kuprin, der Maler Isaak Levitan, der Gründer der Tretjakov-Galerie, Pavel Tretjakov, der Regisseur Konstantin Stanislavskij u.a.

Am Chimkier Stausee liegt der 1937 gebaute und 1974 modernisierte Nordhafen. Die Gesamtlänge seiner Anlegestellen beträgt 2,2 Kilometer. Diesen Hafen laufen schwere, bis über den Bord mit Sand und Kies beladene Lastkähne an,

MOSKAU-KANAL

die einen langen Weg auf den Kanälen und Stauseen zurückgelegt haben. Neben dem Nordhafen befindet sich unser Endziel: der Nord-Passagierhafen, der gleichzeitig mit dem Kanal, 1937, eröffnet wurde. Das 150 Meter lange Gebäude des Passagierhafens inmitten eines riesigen Parks (50 Hektar) ist eine Sehenswürdigkeit für sich. Aus Granit und Marmor gebaut und mit Arkaden und Galerien verziert, sieht es leicht und graziös aus und erinnert an einen alten Zweideckflussdampfer aus dem frühen 20. Jahrhundert: Der Turm mit einem 85 Meter hohen »Mast« aus rostfreiem Stahl in der Mitte, gekrönt von einem Stern, ist gleichsam die Kommandobrücke. Das Gebäude wurde in der Zeit errichtet, als die offizielle Ideologie der Sowjetunion den Massenoptimismus und eine lebensbejahende Weltauffassung anstrebte. Diese Tendenz fand vor allem in der Architektur ihren Ausdruck. Für die Gestaltung des Nord-Passagierhafens ist in Übereinstimmung mit der damaligen Mode eine Synthese von verschiedenen Kunstarten charakteristisch, die den Arbeitsethusiasmus der ersten Fünfjahrespläne besonders deutlich macht. An der Errichtung des Hafens, wie auch der anderen Bauten des Moskau-Wolga-Kanals, nahmen nicht nur Architekten, sondern auch Maler und Bildhauer teil.

Vom Hauptportal des Nord-Passagierhafens führt eine breite Granittreppe zu den Anlegestellen, von denen große komfortable Kreuzfahrtschiffe auf Reisen gehen. Hier beginnt unsere Bekanntschaft mit Moskau.

Moskau. Nord-Passagierhafen

Nord-Passagierhafen. Dekor der Fassade. Detail

Skulptur bei der Hafeneinfahrt, die den Moskau-Kanal symbolisiert

Moskau

Moskau war während vieler Jahrhunderte ein Hort der liebevoll gepflegten nationalen Traditionen Russlands. Hier, in der alten Mariä-Entschlafen-Kathedrale im Kreml, wurden alle russischen Herrscher gekrönt. Peter der Große und Katharina II. kamen nach Moskau, um ihre militärischen Siege zu feiern. 1812 war es Moskau, das sich selbst auf dem Altar des Krieges opferte und somit das Ende der Armee Napoleons besiegelte. Seitdem wandelte sich selbstverständlich das Antlitz der alten russischen Metropole. Das heutige Moskau empfängt Sie mit ganz anderen Bildern, doch spürt man den Atem der Vergangenheit auf Schritt und Tritt, dabei bleibt das Herz der alten Stadt ewig jung.

Archäologische Grabungen im Kreml und in den anliegenden Stadtteilen bewiesen, dass diese Gegend bereits im Altertum bewohnt wurde. Zu Beginn des 12. Jahrhunderts gab es hier mehrere Dörfer, die dem Bojaren Kučka gehörten; die arabischen Münzen aus dem 9. Jahrhundert, die man hier, im einstigen Handelszentrum zwischen dem Norden und dem Süden dieser Region, findet, lassen jedoch auf eine sehr alte Herkunft der Siedlung schließen. Der Name der Stadt, der etymologisch nicht eindeutig geklärt ist, wird von den Forschern fast übereinstimmend mit dem finnisch-ugrischen Wort »mosk« in Verbindung gebracht, das sich bis heute in der Sprache der Komi erhalten hat und soviel wie »Zufluss« bedeutet. Bei der Silbe »va« hatte man sich schon immer auf die Lesart »Wasser« oder »Fluss« geeinigt. Es gibt auch andere Deutungen, zum Beispiel bedeutet »mosk akva« in der toten Sprache des uralten Stammes Merj »Bär«.

1147 wurde Moskau erstmalig urkundlich erwähnt, doch wie archäologische Funde deutlich machen, war dieses Gebiet bereits im 6. Jahrhundert von slawischen Stämmen besiedelt. Als Gründer der Stadt gilt der Fürst Jurij Dolgorukij

Moskau

Kreml vom Moskva-Fluss gesehen

Erlöser-Kathedrale

→
Blick auf den Roten Platz

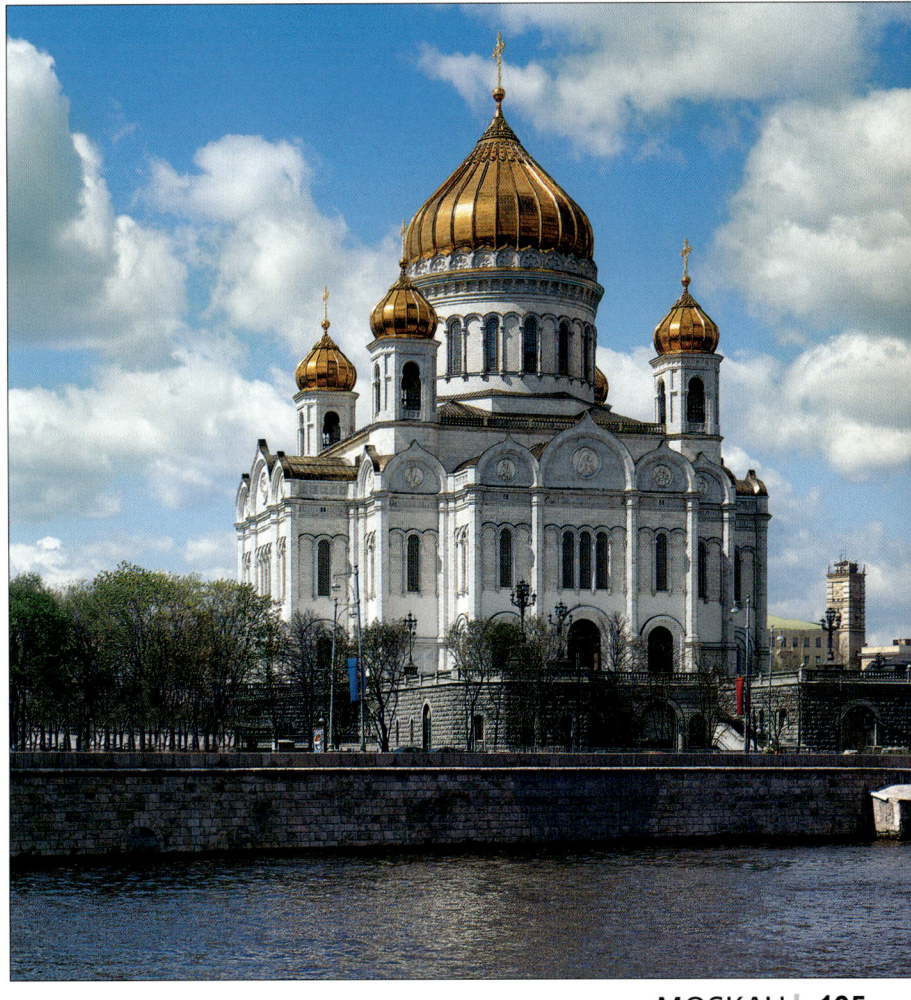

MOSKAU | **105**

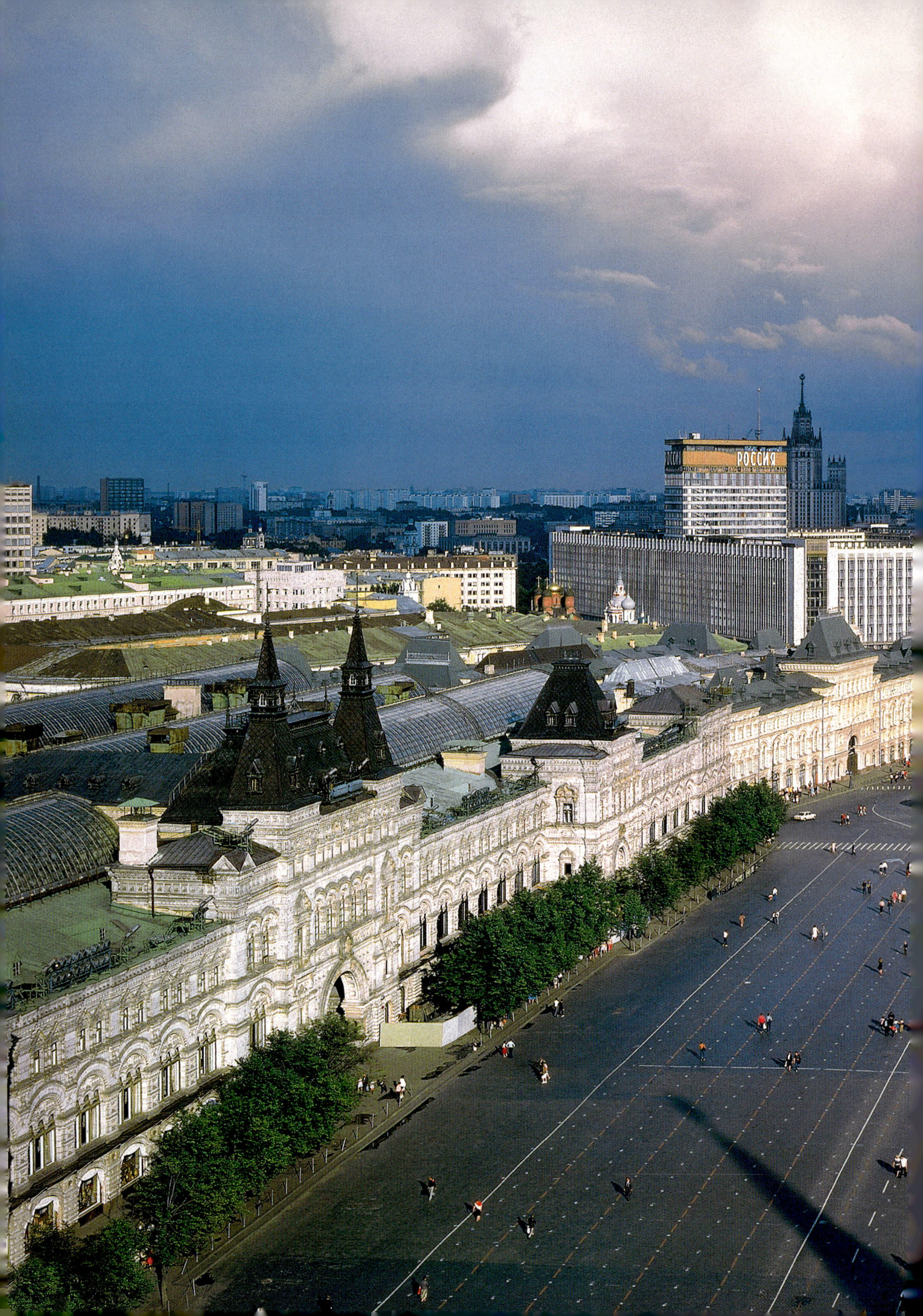
РОССИЯ

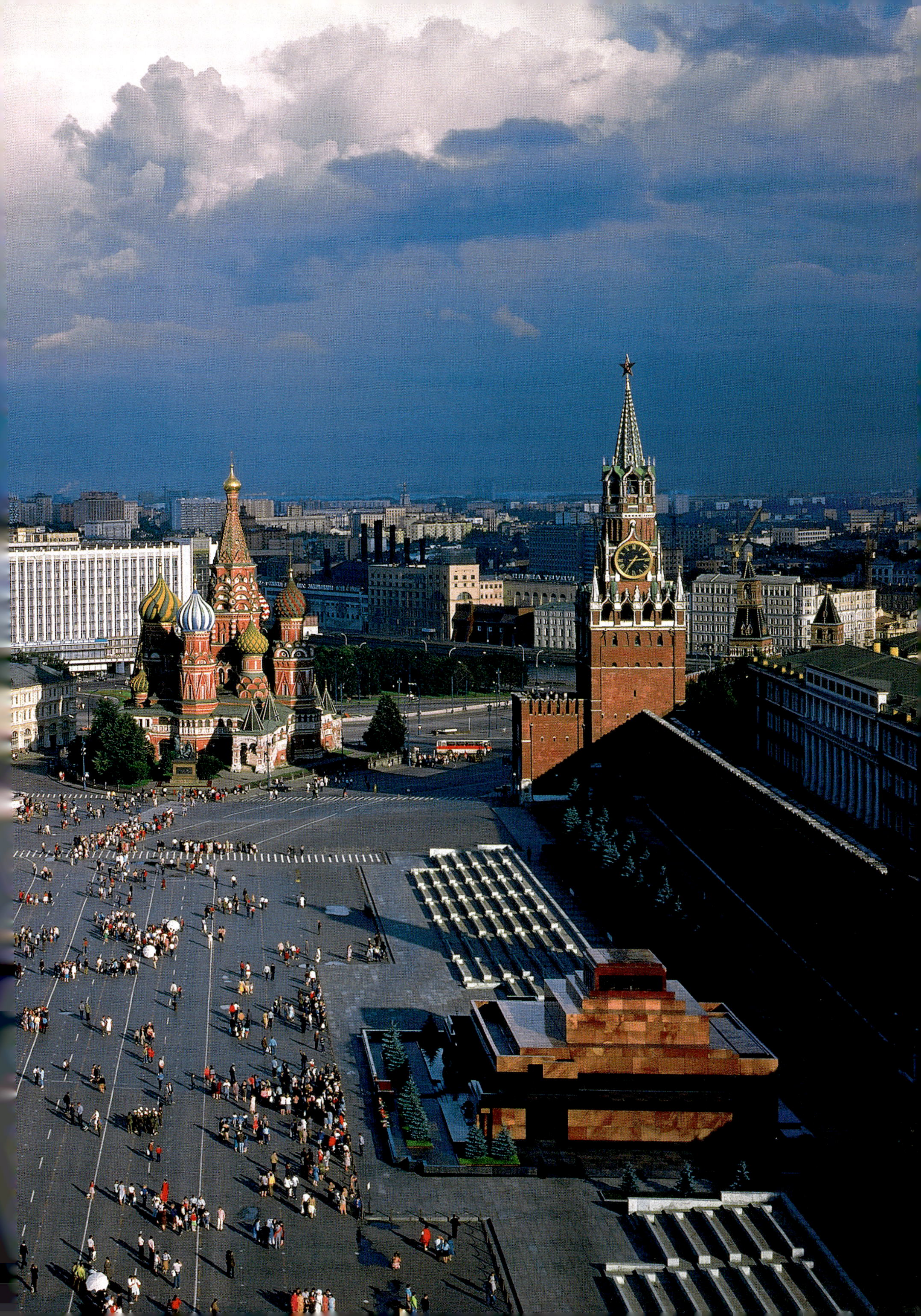

von Vladimir, der hier, am Ufer der Moskva, 1156 eine befestigte Holzstadt bauen ließ. 1237 teilte Moskau das Schicksal vieler russischer Städte: Es wurde von den Mongolen niedergebrannt.

Zu Beginn des 13. Jahrhunderts entwickelte sich Moskau zum Zentrum des Vladimir-Fürstentums, dann, im 14. Jahrhundert, des Großfürstentums (1326 zog auch das Haupt der russisch-orthodoxen Kirche, der Metropolit von Vladimir, nach Moskau), und in der zweiten Hälfte des 15. Jahrhunderts wurde es zur Hauptstadt des zentralisierten russischen Staates. 1380 brachten die russischen Truppen unter dem Moskauer Großfürsten Dmitrij auf dem Kulikovo-Feld, gelegen am oberen Don, den Mongolen eine vernichtende Niederlage bei, wofür Dmitrij den Beinamen »Donskoj«[10] erhielt. Zwei Jahre später aber überfiel die Goldene Horde wiederum Moskau und zerstörte es erneut. 1453, nach dem Fall Konstantinopels, erklärte sich Moskau zum »dritten Rom« und einem Beschützer des Christentums. 1517 wurde es wieder, diesmal von den Krim-Tataren, niedergebrannt. Die Tatarengefahr wurde erst unter Ivan dem Schrecklichen gebannt, nachdem er Kazan und Astrachan eroberte hatte. Das nächste tragische Kapitel der russischen Geschichte war die polnisch-schwedische Intervention und die Zeit der Wirren. 1612 befreite das Landsturmaufgebot unter Kuzma Minin und Dmitrij Požarskij Russland von den Besatzern.

Nach der Gründung St. Petersburgs und der Überführung des Zarenhofes und der wichtigsten Staatseinrichtungen in die neue Hauptstadt hörte Moskau nicht auf, das Herz Russlands zu sein. Es wetteiferte mit Petersburg fruchtbringend im Bereich der Wissenschaft, Kunst und Literatur, und die Bedeutung der zahlreichen religiösen Heiligtümer, der Moskauer Kirchen und Klöster, war außerordentlich groß.

Im Herbst 1812 war Moskau, von fast allen Einwohnern verlassen, einen Monat lang von den Napoleonischen Truppen besetzt. Als diese aus der geplünderten und niedergebrannten Stadt abzogen und den schmachvollen Weg zurück einschlugen, wurde Moskau wiederaufgebaut.

»...Hier wartete Napoleon
Siegtrunken, dass sich Moskau neige
Vor ihm, sich unterwürfig zeige,
Die Schlüssel sende des Kremlin.
Vergebens! Moskau will nicht knie'n
Vor ihm, bereitet keine Feste,
Schickt nicht Geschenke noch Tribut –:
Riesige Zerstörungsglut
Empfängt die ungebet'nen Gäste...«

So beschrieb das Puschkin in seinem Versroman »Eugen Onegin«.

1917, nach erbitterten Kämpfen, die fünf Tage lang dauerten, ergriffen die Bolschewiken die Macht in der Stadt. Im März 1918 zog die Sowjetregierung aus Petrograd nach Moskau, das nun wieder zur Hauptstadt der Russischen Föderation, am 30. Dezember 1922 aber auch der UdSSR wurde.

In den 30er Jahren erlebte Moskau eine grandiose »Rekonstruktion«: Ganze Wohnviertel im Stadtzentrum wurden abgerissen und an deren Stelle neue breite Straßen und Alleen angelegt. Aus dieser Zeit stammen auch die ersten Linien der Moskauer Metro, einer der am tiefsten gelegenen und komfortabelsten Untergrundbahnen der Welt. Das einzigartige Antlitz der alten Metropole aber wurde entstellt: Viele kleine, krumme, jedoch sehr malerische und höchst eigenartige Straßen und Gassen verschwanden für immer, zahlreiche Kunst- und Baudenkmäler – Stadtvillen der Adeligen, Klöster, Kirchen, darunter auch die majestätische Erlöser-Kathedrale, eine Art Denkmal für den Sieg im Großen Vaterländischen Krieg von 1812–1814 – gingen dabei zugrunde. Die Erlöser-Kathedrale wurde allerdings in den 1990er Jahren neu errichtet.

Schwere Prüfungen hatte Moskau auch während des Zweiten Weltkrieges zu bestehen. Doch gerade bei Moskau erlitten

Verkündigungs-Kathedrale

Spaskij-Kremlturm. Turmuhr

Das »goldköpfige« Moskau

Terem-Palast

Osterei mit Porträts der russischen Zaren. Carl Fabergé. Rüstkammer

Säbel. Rüstkammer

Zarenkronen, Zepter, Reichsapfel, Orden des Heiligen Andreas. Diamantenfond Russlands

MOSKAU | 109

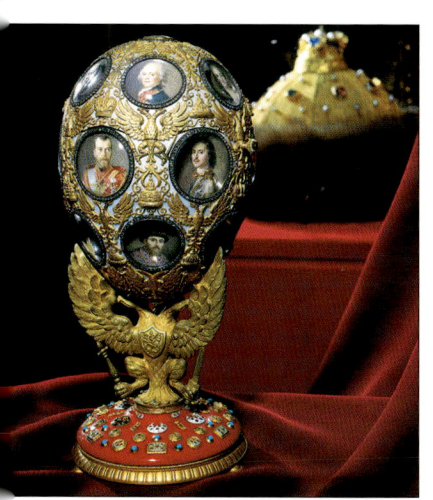

die deutschen Truppen am 6. Dezember 1941 die erste große Niederlage, die den Mythos ihrer Unbesiegbarkeit widerlegte. In den Nachkriegsjahren wurden in Moskau ganze neue Satellitenstädte gebaut, die nach und nach Vororte und Dörfer der Umgebung verschlangen. Heute beträgt die Stadtfläche 1.000 Quadratkilometer.

In Moskau finden internationale Kongresse und Festspiele statt, 1980 wurden hier die 22. Olympischen Spiele durchgeführt. Moskau ist das größte Industriezentrum des Landes. Der wichtigste Platz kommt hier der Schwerindustrie, vor allem der Metallbearbeitung und dem Maschinenbau, zu. Auch die Leichtindustrie war in Moskau immer stark vertreten. Wegen seiner berühmten Textilbetriebe wurde es oft »baumwollenes Moskau« genannt – eines der zahlreichen Attribute, mit denen die Russen ihre Hauptstadt seit alters her versehen: »weißsteinig«, »goldköpfig«, »gastfreundlich« usw. Man kann die Meisterwerke der Kunst und Literatur kaum zählen, die Moskau gewidmet sind.

In der Sowjetzeit erlangte Moskau eine große internationale Bedeutung als Hauptstadt eines multinationalen Staates. Es wurde in vielen populären Liedern besungen.

Moskau ist auch ein wichtiges wissenschaftliches Zentrum: 1934 wurde die Akademie der Wissenschaften aus Leningrad nach Moskau überführt. Hier gibt es zahlreiche Forschungsinstitute und Hochschulen. Die wichtigsten Museen sind: das Historische Museum, die Rüstkammer im Kreml, das Puschkin-Museum der bildenden Künste, die Tretjakov-Galerie, das Polytechnische Museum, das Bachruschin-Museum für Theaterkunst u.a. Moskau ist reich an einzigartigen Baudenkmälern wie dem Kreml, dem Donskojkloster, Neujungfrauenklster und Simon-Kloster. Hier, im Danilovskij-Kloster, befindet sich die Residenz des Patriarchen von ganz Russland. Hier hat der Präsident seinen Sitz, hier arbeitet die Regierung, tagt das höchste gesetzgebende Vertretungsorgan des Landes: die aus zwei Kammern (Staatsduma und Föderationsrat) bestehende Föderalversammlung. 1997 beging Moskau sein 850jähriges Jubiläum.

Um alle Sehenswürdigkeiten Moskaus kennenzulernen reicht nicht einmal ein ganzes Menschenleben. Hier nur einige Zahlen: Es gibt in Moskau 25.000 historische und Kulturdenkmäler, 70 Museen, 125 Kinos, 50 Theater, 4.500 Bibliotheken, 540 Forschungsinstitute und Hochschulen. Moskau, das sind nicht nur Palais, Parks, monumentale Plastiken und breite gerade Straßen und Prospekte (Alleen), sondern auch unzählige kleine Straßen und Gassen (oft »Durchfahrten« oder »Sackgassen« genannt, – eine typisch Moskauer Eigenart) mit ihren herrlichen, wohlklingenden alten Namen, die man genauso schützen sollte, wie man Bau- und Kunstdenkmäler schützt.

In Moskau kommen einem zwangsläufig Puschkins Worte aus dem »Eugen Onegin« in den Sinn:

»O Moskau, was liegt im bloßen Klange
Des Namens für den Russen all,
Wie herzergreifend tönt sein Schall!«

Wohin sollte man sich aber nach dieser kurzen, flüchtigen Bekanntschaft mit Moskau begeben? Vielleicht wieder – mit neuen Eindrücken und frischen Kräften – nach Petersburg? Denselben Weg – von Moskau nach Petersburg – jetzt schon mit ganz anderen Augen sehen? Denn das viel jüngere Petersburg (bald wird es erst 300 Jahre alt) ist genauso unerschöpflich wie Moskau, es ist immer schön, in die Neva-Stadt zurückzukehren...

Hotel »Metropol«

Bolschoj-Theater

Tretjakov-Galerie

Ausstellungskomplex WDNH
(Allunionsausstellung der Errungenschaften
der Volkswirtschaft).
Fontäne »Völkerfreundschaft«

Moskau bei Nacht

MOSKAU | 111

[1] *Altrussische Stadt bei Novgorod, heute Staraja Ladoga.*

[2] *(Vom russischen volkstümlichen Wort »bylina« – »was gewesen ist«); alte epische Lieder.*

[3] *(Russ.) Gasthaus; Kirche mit einer Herberge für die Mönche eines fernliegenden Klosters.*

[4] *Wepsen sind die aussterbende südöstliche Gruppe der westfinnischen Völker.*

[5] *Ursprünglich Zentrum einer Dorfgemeinde im Nordwesten Russlands, dann Zentrum eines administrativen Steuerkreises; seit dem 18. Jh. eine fernliegende Kirche mit Friedhof.*

[6] *(Russ.) »Mysch« bedeutet »Maus«; »Myškin« ist ein Adjektiv vom »Mysch«.*

[7] *(Russ.) »Ugol« bedeutet »Winkel; Knick«.*

[8] *Terem – russische Form des Palastbaus im 17. Jh. mit dem charakteristischen stufenförmigen Aufbau des meist rechteckigen Baukörpers, starken Durchfensterung und plastisch-farbigen Belebung der Fassaden.*

[9] *(Russ.) Altes russisches Gewicht = 16,38 kg.*

[10] *Ein Adjektiv von »Don«.*

FLUSSKREUZFAHRT DURCH RUSSLAND

Deutsche Ausgabe

Kunstverlag »Iwan Fjodorow«,
ulica Zvenigorodskaja 11,
191119 St. Petersburg, Russland

Ivan Fiodorov Printing Company,
St Petersburg (1919)

ISBN 5-93893-155-X

Printed and bound in Russia